빛깔있는 책들 103-15

사경

글, 사진/박상국

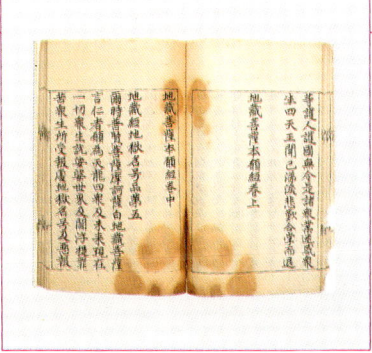

대원사

박상국

동국대학교 불교학과를 졸업하고 같은 대학원 불교학과에서 석사학위를 취득하였다. 현재 문화재관리국 전문위원으로 일하고 있다. 저서로 「전국 사찰 소장 목판집」, 「초조대장경 조사 연구」가 있으며 주요 논문으로 '해인사 고려대장경 재고찰' '보조국사의 선사상' '육조단경의 간행과 유통' '대장도감의 판각 성격과 선원사 문제' 등이 있다.

사경

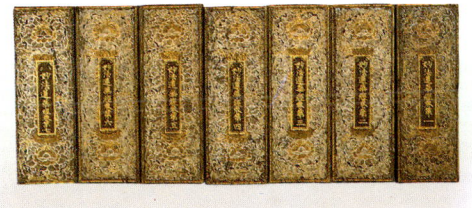

사경

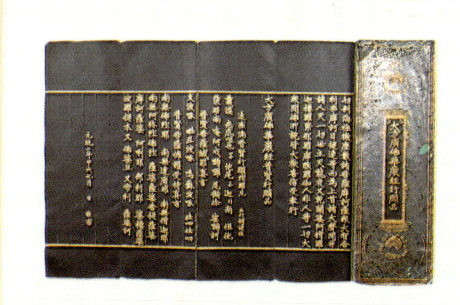

大方廣佛華嚴經卷第三十四

罽賓國三藏般若奉

詔譯

入不思議解脫境界普賢行願品

復次善男子菩薩具十種法則得圓滿成就
一食何等為十一者成就食時性不貪求二
者成就食時性無染著三者隨得食時常知
止足四者恒依時食不墮非時五者若為利
養悉不應食六者若得甘美亦不應食七者
若見他食亦不生瞋八者見他食時亦不慳
妒九者乃至命盡亦常一食十者於所食時
當起藥想善男子是為十法成就一食妙行
功德

復次善男子菩薩具十種法則得圓滿阿蘭

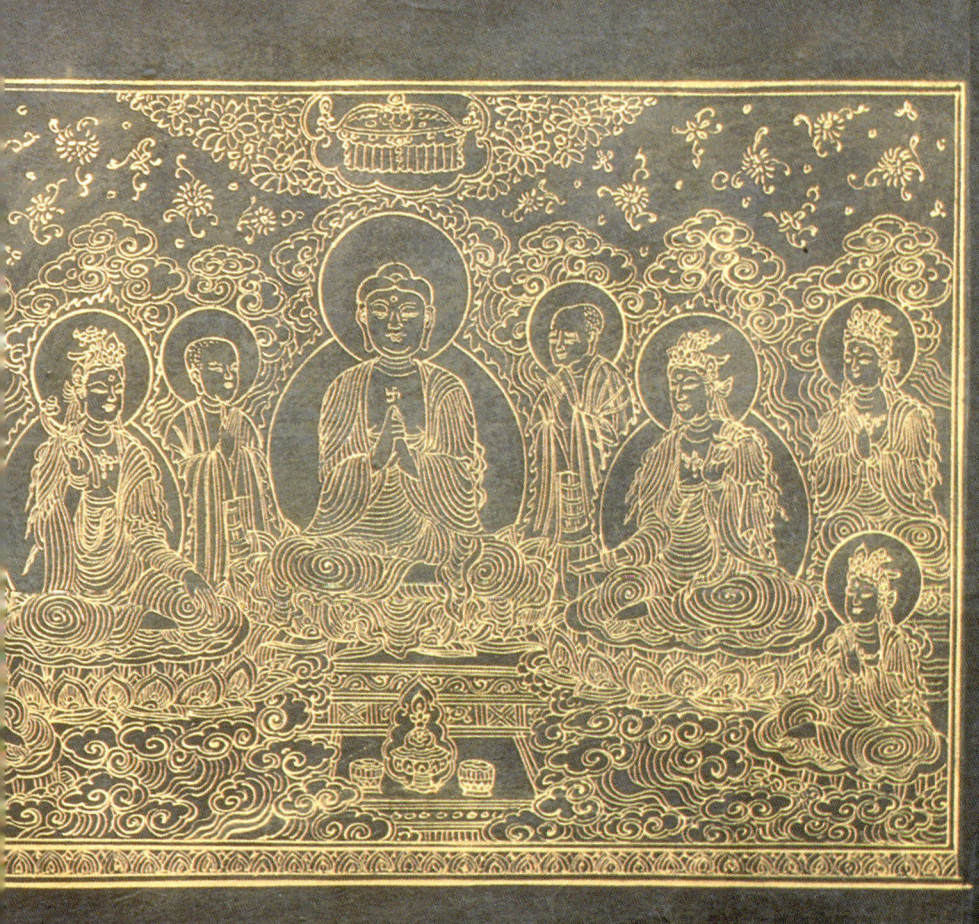

시작하면서

내 일념으로 서원하노니
미래세 다하도록 필사한 이 경전 파손되지 말기를
설사 삼재로 대천 세계 부서진다 하더라도
이 사경 허공마냥 파괴되지 말지어다
만약 일체 중생 이 경에 의지하면
부처님 뵈옵고 법문 들으며 사리 받들고
보리심을 발하여 용맹 정진하고
보현의 행원 닦아 성불 곧 하리라.

9쪽 사진　　이 글은 신라 백지묵서 「대방광불화엄경」의 발원문에 실려 있는
게송(偈頌)이다. 우리 선조들은 이러한 염원으로 경전을 필사하여
왔다. 삼국시대 불교가 들어오면서 사경의 역사는 시작되었고 조선
조 말기까지 그 전통이 이어져 왔다. 역사적으로 내려온 사경은
그 시대 신앙 의식의 결정체이고 각 시대마다 독특한 불교 문화를
꽃피우게 한 원동력이 되었을 뿐 아니라 오늘날 우리에게 최상의
예술품으로 그 자태를 과시하고 있는 것이다.

「대방광불화엄경」 이 경전은 당나라 실차난타가 한역한 것으로 주본(周本)으로 통칭되는 80권짜리이다. 이 사경의 뒷부분에 발원문이 실려 있다. 백지묵서. 국보 196호. 호암미술관 소장.

사경이란 무엇인가

   사경(寫經)이란 불교 경전을 베껴 쓴 것을 말한다. 불교 경전은 부처님이 말씀하신 내용을 문자화한 것으로 불경, 경문, 경이라 한다. 그러나 사경이란 말은 부처님의 가르침을 기록한 경뿐만 아니라 부처님이 정한 교단의 규율인 율과 경, 율을 조직적으로 논술한 논까지 그 대상으로 하고 있다. 다시 말하면 율을 필사한 것을 사율(寫律), 논을 필사한 것을 사론(寫論)이라 하지 않고 사경이라 하는 것이다. 그러므로 사경이란 말은 경, 율, 논의 삼장 곧 대장경, 일체경(一切經)이라 통칭되는 불교 성전(佛敎聖典) 모두를 대상으로 하는 포괄적인 용어로 사용된다.

   불교 성전은 원래 고대 인도의 표준어인 범어(梵語, Sanskrit)로 표기되었다. 그 뒤 불교의 전파와 더불어 중앙 아시아 및 동북 아시아로 전해진 북방 불교권에서는 범어 성전이 중국어, 서장어(西藏語, 티벳어)로 번역되었다. 남방 인도에서는 이 지방의 언어인 팔리어(Pali)로 표기되었는데 이 팔리어 성전이 인도 남단의 세일론, 버마, 타일랜드 등에 전해져 이른바 남방 불교는 모두 이 성전을 사용하여 왔다. 이렇게 전해진 범어와 팔리어 성전은 패트라(Pattra, 貝多

11쪽 사진

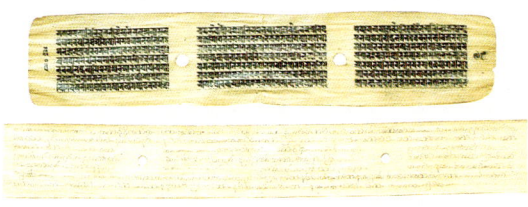

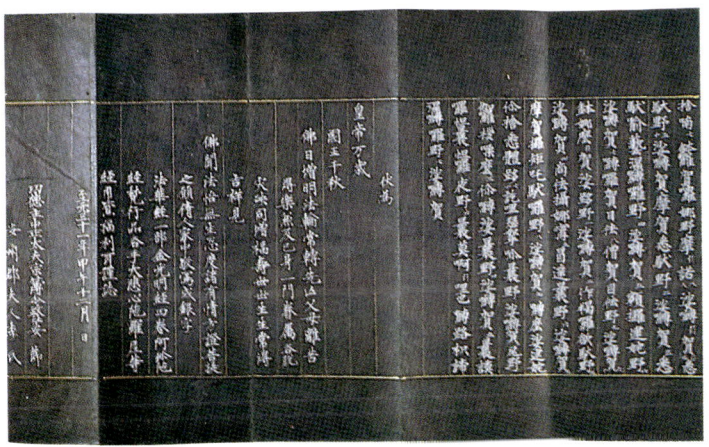

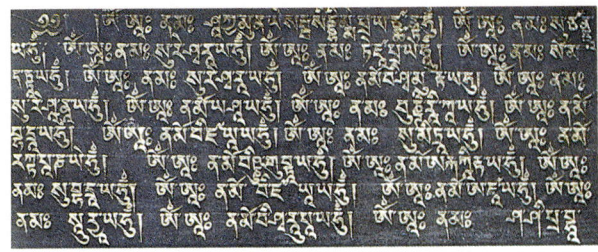

범어(梵語) 경전(위), 한역(漢譯) 경전(가운데), 서장어(西藏語) 경전(아래)

패엽경 인도에서 시작한 불교 성전은 범어와 팔리어로 기록된 것인데 이것은 패트라라는 나무의 잎에 필사한 것으로 패엽경이라고 한다. 국립중앙도서관 소장.

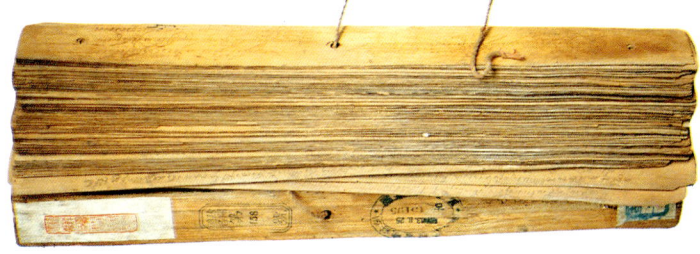

13쪽 사진　羅)라는 나무의 잎에 필사한 것으로 패엽경(貝葉經)이라고 한다.

우리나라는 중국에서 한역(漢譯)된 불교 성전이 전래되어 오늘날까지 사용되고 있다. 그런데 불교 성전은 인도에서부터 중국으로 한꺼번에 전래되어 한꺼번에 한문으로 번역된 것은 아니다.

오늘날까지 전래되고 있는 가장 완벽한 한역 대장경으로 우리가 자랑하고 있는 해인사 고려대장경을 보면 67년에 가섭마등(迦葉摩騰)과 법란(法蘭)이 최초로 한역한「사십이장경(四十二章經)」을 비롯하여 1064년경에 일칭(日稱)이 한역한「부자합집경(父子合集經)」과 1090년경에 희린(希麟)이 편찬한「속일체경음의(續一切經音義)」까지 실려 있다.

이렇게 대장경이 오랜 세월에 걸쳐 번역되었기 때문에 우리나라에도 오랜 기간 동안 조금씩 전래되었던 것이다. 그러므로 역사적으로 이루어진 사경도 당시까지 번역되고 수입된 경전에만 한정되었던 것이다. 그러나 수입된 경전이 모두 똑같이 유통될 수는 없었고 그 가운데서도 당시 신앙 경향에 따라 특별히 좋아하여 널리 사용된 경전은 한정되었다.

사경은 부처님 말씀을 옮기는 행위로서 자구(字句)가 틀린다든지

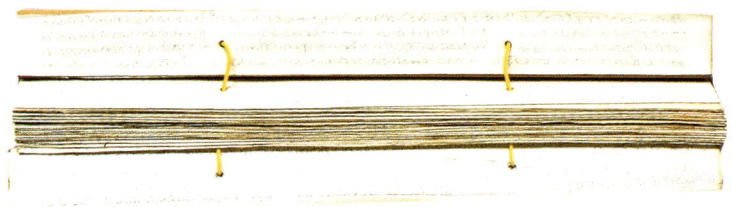

빼먹는다든지 하는 것은 있을 수 없는 것이므로 경건한 자세로 한자 한자씩 온갖 정성을 다하여 필사하지 않으면 안 된다.

「묘법연화경」(이하 「법화경」) '보문품'에 "약왕이여 어디서든지 이 경을 설하거나 읽거나 외거나 쓰거나 이 경전이 있는 곳에는 마땅히 칠보(七寶)로 탑을 쌓되 지극히 높고 넓고 장엄하게 꾸밀 것이요, 다시 사리를 봉안하지는 말아라. 왜냐하면 이 가운데에는 이미 여래의 전신(全身)이 있는 연고이니라"라고 했다. 여기서 경전을 여래의 전신 사리(全身舍利)와 같은 품격으로 취급하고 있다. 그러므로 불교 경전은 전신 사리로서 불상이나 불탑과 마찬가지로 예배 대상의 위치에 있기 때문에 사경은 부처님 사리를 대하는 자세로 필사하는 신앙 행위이다.

사경의 신앙 의식과 공덕

신앙 의식(儀式)

　불교 성전의 필사는 불교가 수입되던 초기에는 불교를 알기 위한 단순 전사(轉寫)의 차원으로 시작하였으나 사찰이 세워지고 교단(教團)이 성립되면서부터는 신앙적인 의미가 부여되었다.

　사경이 부처님의 말씀을 옮기는 행위이기 때문에 흐트러짐이 없는 엄격한 신앙 의식이 따르지 않을 수 없다. 신앙 의식은 개개인의 수행 자세를 가다듬고 부처님에 대한 실체감 충족과 신앙인으로서의 자신을 확인할 수 있는 계기가 된다.

　불경(佛經)은 불교에서 불(佛), 법(法), 승(僧) 삼보(三寶) 가운데 가장 중심되는 법보(法寶)로서 법신 사리이고「법화경」에서는 불경을 전신 사리(全身舍利)와 동일하게 설하고 있다. 이와 같이 불경은 불상이나 탑 이상의 신앙적인 의미를 지니고 있다. 그러므로 사경 제작에는 불상이나 탑의 조성 못지않은 종교적인 의식이 따랐다.

15쪽 사진　　이러한 사경 제작 의식에 대해서는 신라 백지묵서「대방광불화엄경」(이하「화엄경」, 국보 196호, 삼성미술문화재단 소장)에 실려

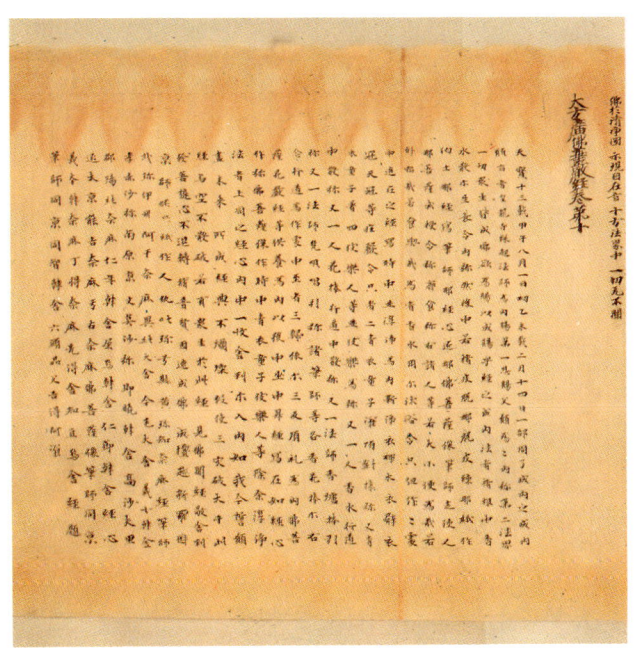

신라백지묵서「대방광불화엄경」 불경은 삼보 가운데 가장 중심되는 법보이다. 따라서
불경은 불상이나 탑 이상의 신앙적인 의미를 지니고 있다. 그러므로 사경 제작에는
불상이나 탑의 조성 못지않은 종교적인 신앙 의식이 따랐다. 이러한 사경 제작 의식
에 대한 발원문이 적혀 있다. 국보 196호. 삼성미술문화재단 소장.

있는 발원문(發願文)에 적혀 있다.

사경하는 데 있어서 제일 먼저 사경지(寫經紙)를 만들기 위해 닥나무 재배부터 시작하여 사경에 참여한 사람이 지켜야 할 자세와 사경에 따르는 의식 절차 및 방법이 적혀 있다. 그 내용은 다음과 같다.

닥나무는 재배할 때 나무 뿌리에 향수를 뿌리면서 키워 닥껍질을 벗겨 삶아서 종이를 뜬다. 이때에 참여한 사람은 모두 보살계(菩薩戒)를 받고 정성껏 종이를 만들어 낸다. 그리고 경문(經文)을 필사하는 사람이나 경심(經心)을 만드는 사람이나 불, 보살상(佛, 菩薩像)을 그리는 사람은 보살계를 받고 대, 소변을 보거나 잠을 자고 난 뒤에나 밥을 먹은 뒤에는 반드시 향수를 사용하여 목욕을 해야만 한다.

사경할 때에는 모두 순(淳)한 신정의(新淨衣), 곤수의(褌水衣), 비의(臂衣), 관(冠), 천관(天冠) 들로 장엄시킨 두 청의동자(靑衣童子)가 관정침(灌頂針)을 받들며 여기에 네 사람의 기악인(伎樂人) 등이 함께 기악을 한다. 그 가운데 한 사람은 향수를 가는 길에 뿌리고 또 한 사람은 꽃을 뿌리며, 한 법사는 향로를 받들고 이끌며 또 한 법사는 범패(梵唄)를 부르며 인도한다. 이 뒤를 여러 필사(筆師)들이 각기 향과 꽃을 받들고 불도(佛道)를 행할 것을 염하며 경을 만드는 곳에 도착한다.

사경소에 도착하면 삼귀의(三歸依;佛, 法, 僧의 三寶에 歸依)를 하면서 세 번 반복하여 예배하고 불, 보살에게 「화엄경」 등을 공양하고 자리에 올라 사경한다.

필사(筆寫)를 마치면 경심(經心)을 만들고 불, 보살상을 그려 장엄하는데 이때는 청의동자와 기악인들은 제외되나 다른 절차는 마찬가지이고 마지막으로 경심 안에 한 알의 사리를 넣는다.

이 사경의 발원문을 보면 사경 제작은 엄숙하고 장엄한 의식 절차에 의해서 행해졌던 것을 알 수 있다. 이러한 사경 의식이 모든 사경에 다 적용되었다고는 볼 수 없으나 대부분 사경이 단순 필사가 아니라 신앙 의식으로 행해졌던 것이 세월이 흐름에 따라 신앙 의식은 간소화되고 생략되기도 했을 것이다.

 우리나라는 불교가 수입된 이후 역사적으로 수많은 사경이 있었는데 인쇄술이 발달되기 전까지는 주로 연구와 독송(讀誦)을 목적으로 하였다. 그러다가 인쇄술이 발달된 뒤로는 사경이 공덕(功德)과 간행(刊行)을 목적으로 했다. 그러나 사경은 연구, 독송용이었든지 공덕과 간행용이었든지 불사(佛事)의 일부분으로 이루어졌다. 어떠한 목적의 사경도 모두 부처님의 가르침에 귀의하려는 신앙 의식에서 벗어날 수는 없었다.

수행과 공덕

 불교는 인도에서 중국으로 들어와 동아시아 각지의 문화와 접촉하면서 종교, 철학, 예술 등 여러 방면에 영향을 끼쳤다. 불교 가운데에서도 가장 넓고 깊게 영향을 준 것은 실제적인 면에서 인과 응보의 사상이었던 것으로 보인다.

 이 인과 응보의 사상은 대승 불교의 발전과 함께 불교의 업(業) 사상이나 연기(緣起) 사상과 묶어서 확립되어 시대와 지역에 따라 고대의 신앙과는 조금 성격을 달리하고 있으나 그 근본 사상은 변함없이 전개되어 왔다. 인과 응보 사상에 있어서 현재의 고락(苦樂)은 과거에 쌓은 업의 과(果)이고 당연히 자기가 받아야 할 것으로 보고 미래에 선과를 펼 수 있도록 현재에 있어서 선업을 쌓도록 해야 한나고 설하고 있다.

그러므로 일반에게 불교는 숙업(宿業;전생에 지은 업)을 명확히 알게 하는 동시에 새로운 업에 의해 숙업을 쓰러뜨린다고 하는 자력적(自力的)인 인생관을 지니는 데 도달하게 된다. 불교 설화에 불, 보살이 인위(因位)에서 법을 구하며 정진하고 사람과 짐승을 고난에서 구제하는 등 적극적인 선행에 의해서 깨달음을 열고 법을 널리 펴 나갔다는 이야기가 많은 것을 봐도 분명해진다.

인도의 전통적인 보응(報應) 신앙에서는 어떻게 할 수 없는 숙세(宿世)의 업이 지배하는 현세에 대한 체념과 정진으로 새로운 업을 개척해 나가는 미래에의 희망이 함께 하고 있다.

사경은 이러한 새로운 업을 쌓아가는 과정에서 비롯된 신앙적인 행위이다. 예부터 쌓아온 업의 벽이 두터워도 부처님의 참된 삶에 대한 지혜를 알고 실천하면 구업(舊業)은 얼음이 녹듯이 녹아 버리고, 새로운 선업(善業)을 쌓게 되는 일인 것이다. 그러므로 사경은 바로 모순투성이의 삶에서 불안과 불행을 없애 주고 마음의 안락과 행복을 추구하는 보다 나은 삶을 위한 과정인 것이다. 부처님 말씀을 한자 한자 정성껏 베끼는 순간은 진실된 자기 삶의 순간이다. 또한 이러한 과정은 수행의 과정이다.

「법화경」'보현보살헌발품'에 "만일 오는 세상의 500세의 흐리고 나쁜 세상에서 비구, 비구니, 우바새, 우바이 들로서 이 경을 찾는 사람, 받아 지니는 사람, 읽고 외는 사람, 쓰는 사람들이 이 「법화경」을 닦아 익히려면 삼칠일(21일) 동안 한결같은 마음으로 정진해야 하며"라는 구절이 나온다. 곧 사경한다는 일은 수행의 일부분으로 정진하는 자세가 요구되는 일이었다.

사경은 부처님의 말씀을 새기고 익혀 실천하는 데 그 궁극적인 목적이 있다. 따라서 사경의 과정은 바로 수행의 과정이 된다. 그러나 현존 고려시대 이후의 사경에서 보듯이 당시에 유행한 일종의 의례적인 신앙 의식으로서 제작된 사경이 많다. 그리하여 이 당시 사경은 '공덕경(功德經)'이라고 불리고 있다. 물론 사경이 공덕을 쌓기 위한 불사이고 공덕이 되는 것은 틀림없으나 신앙 의식이나 수행과는 별도의 기복(祈福) 신앙으로 이해되어서는 안될 것이다.

공덕이란 불교 의식이나 수행, 신앙적인 실천으로 얻어지는 모든 신앙 행위의 귀결점으로 선업을 쌓는 일이다. 그러므로 모든 사경은 공덕을 쌓는 신앙 의식, 수행의 과정 및 신앙적인 실천 행위임은 틀림없으나 '공덕경'이란 말은 맞지 않는 것이다.

공덕에 대해서는 「금강경」 제15 '지경공덕품', 「법화경」 제4 '법사품'과 '권발품', 「도행반야경」 제7 '공양품', 「수능엄경」 「금광명경」 등에서 설하고 있다.

「법화경」 제4품인 '법사품'에 보면 "어떤 사람이 「법화경」의 한 구절이라도 받아 지니고 읽고 외고 해설하고 베껴 쓰거나 이 경전을 공경하기를 부처님과 같이 하며 갖가지 꽃, 향, 영락, 자루 향, 바르는 향, 사르는 향, 당기, 번기, 의복, 풍악으로 공양하거나 합장하고 공경한다면, 약왕이여 이 사람들은 이미 십만 억 부처님께 공양하였고 또 여러 부처님 계신 곳에서 큰 서원을 성취하고 중생을 어여삐 여기 이 인간 세계에 난 줄을 알아야 하느니라"고 했다.

여기에서 사경에 대한 공덕은(사경뿐 아니라 읽고 외고 해설하는 일이나 경전을 공경하는 일) 십만 억 부처님께 공양한 것과 같은 공덕이 있음을 말하고 있다. 뿐만 아니라 이러한 사람은 큰 서원 곧 불도를 성취하고 중생을 위하여 일부러 이 세상에 온 것이라고 하여 적극적으로 신앙적인 실천을 전하고 있는 내용이다. 그리고 「법화경」 '권발품'에는 「법화경」을 서사(書寫)하면 도리천(忉利天)에 태어날 수 있다고 하였다. 이처럼 서사가 공덕이 큰 것임을 말하고 있다.

사경 공덕은 필사자의 입장에서 크게 두 가지로 볼 수 있다. 하나는 자신의 신앙 행위로 수행과 실천행으로 얻어지는 공덕이고, 다른

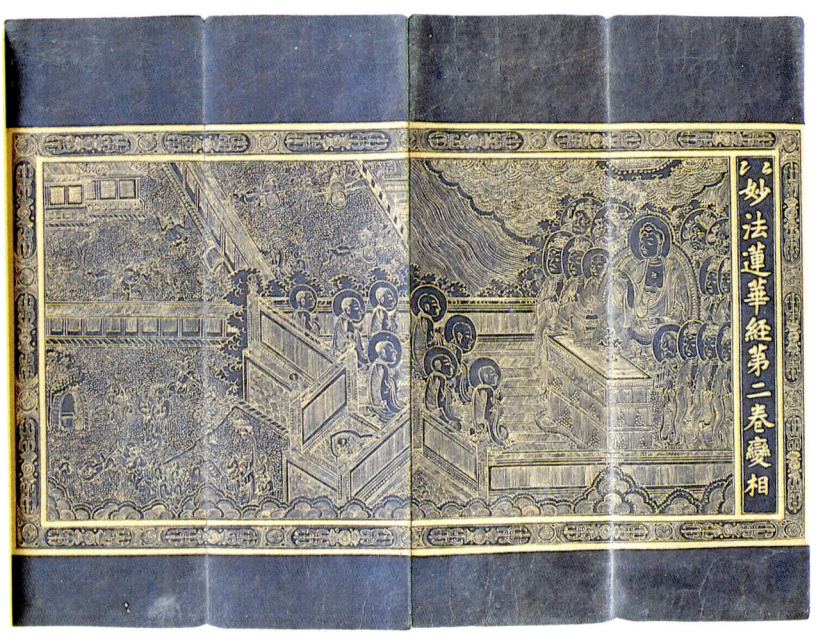

「묘법연화경」 변상도 실제로 현존하는 고려시대의 금, 은니 사경을 보면 감색으로 아름답게 물들인 좋은 종이에 권머리에 붙인 변상도는 말할 것도 없고 표지도 금, 은니로 아름답게 장엄되어 있다. 동국대학교 박물관 소장.

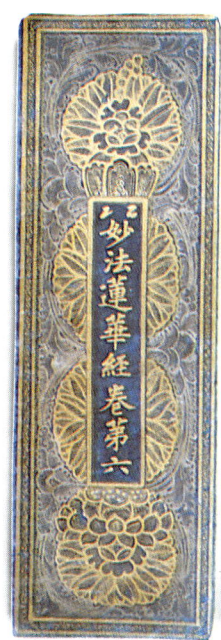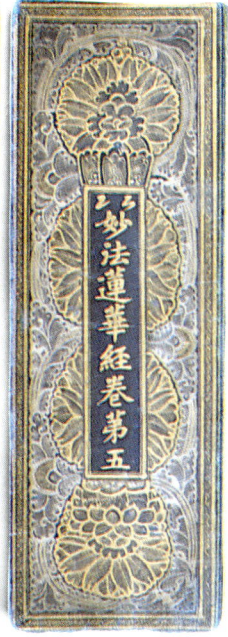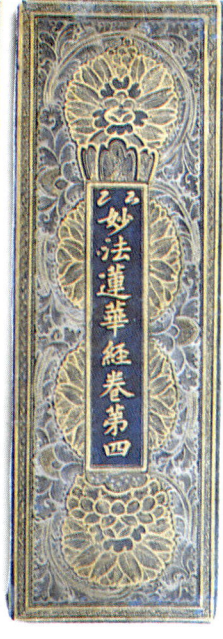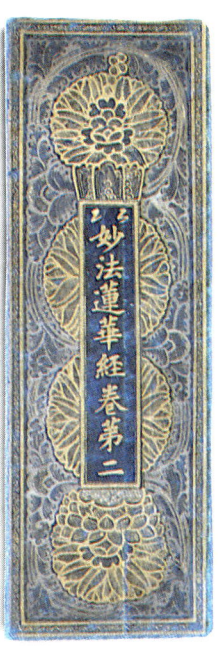

「묘법연화경」 표지   금, 은니로 장식한 「묘법연화경」의 표지이다. 원래 사경에 장엄이나
   장식이 따라야 하는 것은 아니다. 다만 경전을 소중히 생각하고 사경이 신앙의 부분
   으로 이루어졌기 때문에 온갖 정성을 다 기울이다 보니 아름답게 장엄된 것이다.
   동국대학교 박물관 소장.

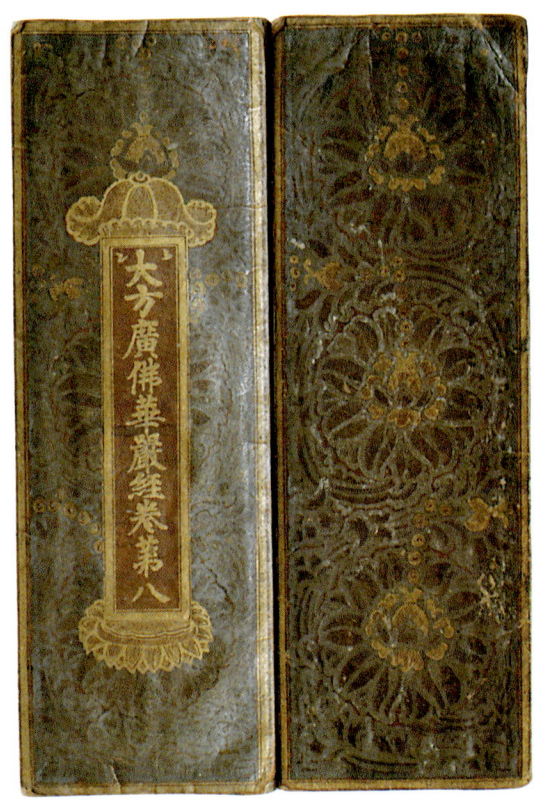

「대방광불화엄경」 표지   국립중앙박물관 소장.

하나는 불법을 널리 알리고 경전을 후세에 전하는 유통이란 면에서의 공덕이다. 경전을 전하는 것은 인쇄술이 발달한 뒤에 의미가 조금 줄어든 느낌도 있지만 전법(傳法)의 공덕이므로 필사자가 경전을 익히면 자연히 다른 사람에게 전법이 되기 때문에 공덕이 있는 것이다. 그러므로 참된 불사에는 자리이타(自利利他)의 공덕이 함께 한다.

　현존하는 사경을 보면 발원자 자신이 직접 필사한 것에 비해 많은 수가 전문 사경승(寫經僧)에 의하여 필사한 것이다. 이러한 사경은 발원자의 수행 공덕면에서 보면 스스로의 수행 공덕은 없으나 자타공수(自他共修)의 차원에서 공덕을 회향할 능력이 있는 승려에게 의뢰하여 타수적(他修的)으로 행하는 신앙 행위이다. 이는 오늘날 유행하는 다른 종교와 마찬가지로 의타(依他) 신앙의 한 유형으로 보인다. 그러나 「법화경」 '약왕보살본사품'에 "어떤 사람이 이 「법화경」을 듣고, 제가 쓰거나 사람을 시켜 쓰게 하면 얻는 공덕이 부처님의 지혜로 그 수효를 헤아려도 끝을 다할 수 없느니라"는 구절이 있다. 곧 경을 직접 쓰는 것이나 사람을 시켜 쓰게 하는 것도 꼭같은 공덕이 된다는 것이다.

　이러한 행위는 부처님의 가르침을 보급하는 전법 차원에서의 경전 유통과 실천 신앙 행위의 입장에서 역시 공덕을 쌓는 일이 된다. 결국 사경하는 일 자체가 공덕 신앙의 일부분으로 이루어지는 것이 되므로 온갖 정성을 다 기울인다. 우리나라에 현재 전하는 사경 가운데 특히 금, 은으로 사경된 것이 많은 것도 제작하기 힘든 것을 행한다는 수행면과 보다 귀하고 어려운 것을 구해서 공양한다는 신앙인의 자세에서 비롯된 것이다.

　실제로 현존하는 고려시대의 금, 은니 사경을 보면 감색으로 아름답게 물들인 좋은 종이에, 권머리에 붙은 변상도(變相圖)는 말할 것도 없고 표지도 금, 은니로 아름답게 장엄되어 있다. 이러한 데서

20쪽 사진

21, 22쪽 사진

사경을 '장엄경' 또는 '장식경'이란 이름으로 불러 사경이 지닌 의미가 퇴색된 채 한갓 미술품으로 여기고 있는 예가 많다. 원래 사경에 이러한 장엄이나 장식이 따라야 하는 것은 아니다. 다만 경전을 소중히 생각하고 사경이 신앙의 부분으로 이루어졌기 때문에 온갖 정성을 다 기울이다 보니 아름답게 장엄된 것이다. 그러나 '빈자(貧者)의 등 하나(一燈)'의 비유에서 보듯이 정성을 다한 진실한 신앙이 허영심에서 나온 '장자(長者)의 등 만 개(萬燈)'보다 나은 것처럼 현존하는 금, 은으로 쓴 사경은 당시 사회에서 유행한 신앙의 한 유형으로 이해해야 할 것이다.

공덕이란 부처님 말씀을 읽고, 알고, 가르침을 행하며, 실천하고, 남에게 베푸는 것이라야 한다.

우리나라에 전래되고 있는 불교 경전 목판본권말에는 대부분 "원이차공덕(願以此功德) 보급어일체(普及於一切) 아등여중생(我等與衆生) 개공성불도(皆共成佛道)"라는 발원문(發願文)이 실려 있다. 비록 자신이 쌓은 공덕이라도 자기 한 사람의 것으로 하지 않고 널리 일체에게 미치게 하고 자신도 중생과 더불어 불도를 이루게 하기를 빌고 있는 것이다. 이러한 진지한 마음은 바로 사경에 임하는 모든 사람의 공통된 마음 자세인 것이며 참된 공덕을 쌓는 행위이다.

사경은 그 과정이 수행과 신앙 의식의 과정이고 여기에서 생기는 수행력으로 자리이타의 보살도를 실천함으로써 공덕이 되는 것이다.

사경의 종류

사경은 재료 및 제본 등에 따라 여러 종류로 나뉜다.

먼저 재료에 의해서는 먹으로 쓴 것과 금 또는 은니로 쓴 것으로 크게 나누는데 먹으로 쓴 것은 묵서경(墨書經), 금, 은으로 쓴 것은 금자경(金字經), 은자경(銀字經)으로 나눈다.

불교 전래 초기의 우리나라 사경은 대부분 묵서경이었을 것으로 생각된다. 이 당시는 인쇄술이 발달하기 전이므로 불교 경전이 수입되는 대로 베껴 써서 나누어 보는 곧 널리 유통시키기 위한 것이므로 단순히 옮겨 쓰는(轉寫) 차원에서 머물렀기 때문에 먹으로 베껴 썼다. 그러다가 차츰 인쇄술이 발달되자 경전의 유통은 목판 인쇄가 담당하게 되고 필사에 따른 공덕 신앙이 강조되면서 금, 은니의 필사가 성행했던 것이다. 특히 권별 변상도와 표지의 경 이름은 반드시 금니로 썼다. 금은 썩지 않고 변하지 않기 때문에 불경을 신성시하는 데서 비롯된 것이다.

이렇게 금, 은니의 필사가 성행하면서 금과 은을 더욱 돋보이게 하려는 목적으로 백지(白紙)보다 염색한 종이를 사용하게 되었다. 그리하여 가장 많이 사용하게 된 것이 감지(紺紙), 상지(橡紙), 자지

(紫紙) 등이다. 감지는 감색이 나는 종이를 말하며 쪽풀 같은 식물에서 채취한 염료로 물들인 것이고, 상지는 상수리나무 열매로 물들인 갈색의 종이를 말하며 이 밖에 자지(紫紙), 다지(茶紙), 취지(翠紙) 등도 모두 식물에서 물들인 색지를 말하나 아직 염료에 대한 분석은 이루어지지 않았다.

고려시대 금, 은자 사경은 감지에 쓴 것이 가장 많고 그 다음이 상지에 쓴 것이다. 그리고 자지는 신라시대 백지에 먹으로 쓴 「화엄경」 표지에서 볼 수 있다. 이렇게 사용한 종이와 먹의 재료에 따라 우리는 백지에 먹으로 쓰거나 금으로 쓴 것을 백지묵서경, 백지금니경 그리고 감지에 금, 은으로 쓴 것을 감지금니경, 감지은니경 등으로 부르고 있다.

27쪽 왼쪽 사진
27쪽 오른쪽 사진

또한 제본 형태에 따라서는 두루마리로 한 것을 권자본(卷子本)이라 하고 오늘날 병풍처럼 접어서 첩(帖)으로 한 것을 절첩본(折帖本) 또는 첩장본(帖裝本)이라 한다. 그리고 사경에서는 드물게 보이는데 족보책처럼 책의 오른쪽 가장자리에 실로 꿰맨 것을 선장본(線裝本)이라 한다. 권자본은 책의 형태로서 볼 때 가장 오래 된 것이고 그 다음 첩장본이 등장하는데 대부분 고려 이전의 책에서 많이 보이고 있다. 조선조에 와서는 사경과 고문서 등에서나 권자본에 보이고 있으나 일반 전적은 대체로 선장본이 유행하였다.

그리고 발원자에 따라서 국왕 발원경과 개인 발원경이 있다. 국왕 발원경은 주로 고려시대 '충(忠)'자 임금 때 많이 이루어졌는데 조선 초기에 와서도 몇몇 왕에 의해서 간행되었다. 국왕 발원경은 국왕이 발원하여 전문 사경승에 의해서 이루어졌기 때문에 본문 글씨나 표지 장식과 제본 등에 있어서 개인 발원경에 비해 그 정교함이 뛰어나고 있어 오늘날까지 전해 오는 몇몇 사경을 보면 매우 호화스러워 당대의 최고 예술품을 대하는 듯하다.

개인 발원경도 전문 사경승에 의해서 이루어진 것과 직접 필사한 것이 있다. 역시 전문 사경승에 의해서 제작된 것은 정교한 데 비해서 직접 필사한 것은 그 정교도가 떨어진다. 또한 전문 사경승에 의해서 이루어진 사경 가운데에는 개인이 단독으로 시주한 것과 공동으로 참여하여 제작된 사경이 있다. 이와 함께 우리나라에서 가장 많이 필사한 경전은 「묘법연화경」이며 그 다음으로 「대방광불화엄경」「금강경」「금광명경」「아미타경」「지장보살본원경」「부모은중경」「원각경」「능엄경」 등이다. 이 경전들은 삼국시대부터 한국 불교 중심 경전으로 각 시대마다 큰 영향을 끼치면서 널리 유통되어 왔다.

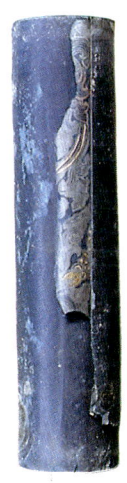
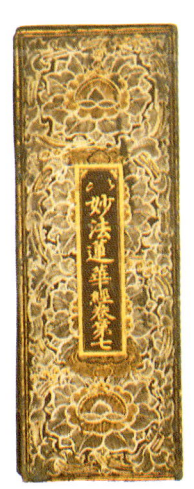

권자본 「보살선계경」, 고려시대.   첩장본 「묘법연화경」, 고려시대.

경전의 수입과 사경

삼국시대에 불교가 전래되면서 경전의 수입과 더불어 사경의 역사는 시작된다.

우리나라의 불교는 중국으로부터 육로로 들어왔다는 설과 인도 및 남방에서 수로(水路)로 들어왔다는 설 등 전래 경로나 전래 시기에는 몇 가지 설이 있으나 고구려 소수림왕 2년(372)에 전진왕(前秦王) 부견(符堅)이 사신과 승 순도(順道)를 보내며 불상과 경전을 보내 왔다는 기록을 초전(初傳)으로 공인하고 있다. 이때 순도가 어떤 경전을 얼마나 가져왔는지는 알 수 없다. 그 뒤 374년에는 아도(阿道)가 왔으며 375년에 초문사(肖門寺)와 이불란사(伊佛蘭寺)를 세웠다.

백제는 침류왕 1년(384)에 진(晉)에서 마라난타(摩羅難陀)가 불교를 전했다. 다음해인 385년에 한산(漢山)에 절을 짓고 10명이 승려가 되었다고 한다. 신라는 법흥왕 14년(527)에 이차돈의 순교가 있은 뒤 비로소 불교가 공인되었다. 이어 진흥왕 때에는 흥륜사, 황룡사 등 큰 절들이 완성되었다.

이렇게 불교는 전래 초기부터 상당히 성황을 이루었음을 알 수 있는데 사경은 이러한 상황에 발맞추어 불교가 수입되면서 시작되고 경전이 수입되는 대로 필사되어 수요를 충족시켰을 것이다. 그러므로 경전 수입이 바로 사경과 직결되는 것이다.

이 시기의 경전 수입에 관한 역사적인 기록을 보면 372년에 순도가 경전을 가져온 것이 최초의 기록이다. 그 뒤로도 자주 들여왔을 것이나 기록에는 나타나지 않고 있다. 진흥왕 26년(565)에 진(陣)나라에서 사신(使臣) 유사(劉思)와 더불어 승려 명관(明觀)을 파견하여 수교하고 경론(經論) 1700여 권을 보내 온 기록(「삼국사기」 권 제3 진흥왕 26년 9월조 및 「삼국유사」 권 3 전후소장 사리조)이 있어 그 당시까지 가장 많은 불교 성전이 수입되었음을 알려주고 있다. 그 뒤 선덕여왕 12년(643)에 자장법사(慈藏法師)가 당나라로부터 삼장(三藏) 400여 함(函)을 싣고 와서 통도사(通度寺)에 봉안하였다는 기록(「삼국유사」 권 3 전후소장 사리조)이 있어 그 당시까지 번역된 대장경이 모두 들어왔음을 알 수 있다.

삼국시대는 불교가 수입되어 국가의 공인을 받은 뒤로는 왕실의 적극적인 뒷받침으로 기대한 사찰이 세워지고 수많은 학승(學僧)들이 중국은 물론 인도까지 유학하여 통일신라시대 불교 문화의 꽃을 피우는 데 기초를 닦았던 시기였다. 뿐만 아니라 일본에까지 불교 문화를 전하여 오늘의 일본 문화가 있게 한 원동력이 되었다.

삼국시대는 이러한 시대적인 상황에서 초기의 불교 경전 유통을 위한 사경이 성행하였을 것이나 역사적으로 수많은 내우외환으로 인해 이 시대의 확실한 사경이 한 점도 없는 것은 안타까운 일이 아닐 수 없다.

통일신라시대

    이 시대는 빈번한 당나라와의 교류로 수많은 중국 유학승에 의해 다양한 불교 신앙과 사상을 폭넓게 수용하였다. 이에 따라 신앙 형태는 미륵, 미타, 관음, 화엄 신앙 등으로 전개되었으나 대중 교화(大衆敎化)의 방편이었을 뿐 중국에서처럼 종파(宗派) 불교는 아니었고 교학(敎學)에 있어서도 독창적인 불교 사상으로 「화엄경」의 원융(圓融) 사상을 기초로 하는 통불교(通佛敎) 사상을 기본으로 하였다. 이러한 불교 사상은 당시 신라가 삼국을 통일하는 데 있어서나 통일 이후의 과업을 완수하는 데 있어서도 정신적인 원동력이 되었다.

    이 시대의 사경은 당시 증대되는 불교 경전의 수요로 말미암아 마침내 인쇄술의 발달을 가져오게 되었고 신라 특유의 신앙과 사상을 확립시켜 우리 민족 문화사에 있어 찬란한 불교 문화의 꽃을 피우게 하였던 것이다.

    통일신라시대의 전성기였던 경덕왕(742~765년) 때 목판 인쇄가 보급되면서 사경의 성격에도 변화를 가져오게 된다. 이 당시에 간행된 목판본인 「무구정광대다라니경(無垢淨光大陀羅尼經)」에서는

31쪽 사진

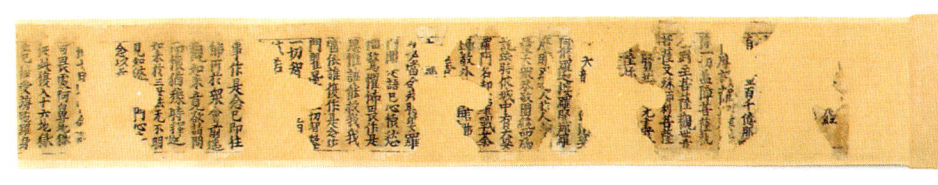

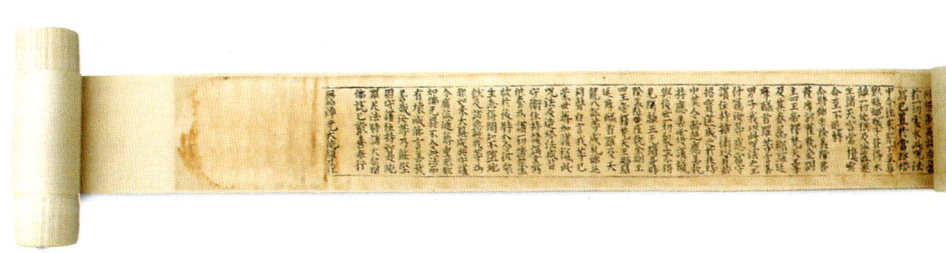

무구정광대다라니경 통일신라시대의 사경은 당시 증대되는 불교 경전의 수요로 말미암아 인쇄술의 발달을 가져오게 되었고 신라 특유의 신앙과 사상을 확립시켜 우리 민족 문화사에 있어 찬란한 불교 뮤화의 꽃을 피우게 하였다. 세계 최고의 인쇄불이다. 불국사 소장.(위, 아래)

이미 상당한 수준의 인쇄 기술을 보이므로 초기 사경에 있어서 경전의 연구, 독송용으로 보급되던 경전 유통의 기능은 서서히 목판 인쇄로 넘어가게 되었을 것으로 추측된다. 그러므로 이 당시의 사경은 인쇄용 판하본 필사와 더불어 다양한 신앙 형태에 다른 중심 경전의 필사에 주력하였을 것이다. 결국 이 당시에 사경되었던 경전이 한국 불교의 핵심되는 경전으로 계속 뿌리를 내리게 되었음이 확실하다.

이렇게 사경은 경덕왕 때부터 전법의 기능보다 수행과 서사 공덕을 위한 신앙적인 차원에서 이루어졌다고 볼 수 있다.

이 시기의 사경으로는 백지에 먹으로 쓴 「대방광불화엄경(大方廣佛華嚴經)」2축(軸)이 전래되고 있다. 이 「화엄경」은 당나라 실차난타(實叉難陀)가 한역한 신역(新譯) 「화엄경」, 주본(周本)으로 통칭되는 80권짜리이다.

현재 전래되고 있는 것은 권 1에서 10까지와 권 44에서 50까지 두루마리(卷子本)로 제본된 2축이다. 이 가운데 권 1에서 10까지의 한 축은 불탑에서 나올 때부터 응고되어 내용을 알 수 없었는데 1988년 가을 일본 경도박물관 문화재 보존 수리소 강묵광당(岡墨光堂)에서 온 기술자에 의해서 풀고 보수하여 내용을 알 수 있게 되었다.

이 사경 2축 모두 권 10과 권 50의 뒷부분에 발원문이 실려 있어 10권씩 8축으로 제본하여 마지막 권에는 발원문을 의도적으로 실었음을 짐작할 수 있었다. 이 발원문은 경주 황룡사의 연기(緣起)법사가 아버지의 은혜와 법계의 모든 중생이 모두 불도를 이루도록 발원하여 경덕왕 13년(754) 8월 1일에 시작하여 다음해인 755년 2월 4일까지 6개월 14일이 걸려 완성하였음을 알려 주고 있어 현존 최고의 사경으로 위치를 굳히게 되었고 또한 그동안 인물의 사실성이 불확실했던 화엄사 창건주인 연기조사가 경덕왕 때의 실존 인물임이 확인되었다.

이어서 제작 방법, 법식(法式), 의식(儀式) 등이 상세하게 기록되어 당시 사경 제작은 신앙 의식 차원에서 이루어졌음을 알 수 있게 되었다. 또 사경 제작은 종이 만드는 사람(紙作人), 필사자(筆寫者), 경심장(經心匠), 화사(畵師), 경의 제목만을 쓰는 필사(經題筆寫)가 따로 있어 철저한 분업에 의해 이루어졌음을 밝혀 주고 있다. 이 밖에 사경에 참여한 19명의 출신지(出身地), 인명(人名), 관등(官等)이 나열되어 있어 당시 신라 사회의 신분 관계를 알 수 있는 중요한 사료가 되고 있다.

그리고 이 사경과 함께 권머리를 장식한 그림 2쪽(片)이 나왔 34쪽 사진
다. 이 그림은 자색(紫色)의 종이에 안팎 모두 금니로 묘사되어 있는
데 바깥쪽은 표지 부분이고 안쪽은 확실하지 않으나 경전의 내용과
관계되는 변상도로 생각된다.

표지 부분은 2쪽 모두 보상화문(寶相華文)으로 묘사되어 있는데 35쪽 사진
그 가운데 한 쪽에는 신장상(神將像)이 화염문과 함께 일부 묘사되
어 있다. 그리고 변상도 부분은 한 쪽은 불, 보살상이 사자좌(獅子
座)와 함께 일부 묘사되어 있고 다른 한 쪽은 중앙에 4구(軀)의
보살상이, 윗부분에는 천인상(天人像)이 묘사되어 있다. 그리고
양쪽 모두 건물의 지붕과 그 세부가 조금씩 보이고 있다. 이 그림은
8세기의 것으로 발문에 기록된 불, 보살상 화사(畵師)의 작품으로
볼 수 있다.

이 밖에 신라시대 사경에 관한 자료는 보이지 않고 있다. 하지만
이 시기에도 중국에서 새로 경전이 계속 번역되었고 번역된 경전을
중심으로 계속 수입되었을 것이다. 곧 「삼국유사」의 "흥덕왕(興德
王) 2년(827)에는 당나라에 간 구덕(丘德)이 불경 몇 상자를 가져
오니 왕이 승려들과 함께 흥륜사 앞길에 나가서 이를 맞이하였다"
"문성왕 13년(851)에는 당나라에 사신으로 갔던 원홍(元弘)이
불경 몇 권을 가지고 왔고, 신라 말기에 보요선사(普耀禪師)가 두
번이나 오월국(吳越國)에 가서 대장경을 싣고 왔다"는 기록을 보면
불교 경전에 대한 신앙은 계속되었던 것이다.

대체로 이 시대의 사경은 당시까지 번역된 대장경의 사성은 물론
이겠지만 신앙 유형에 따라 선호되었던 경전의 연구, 독송용은 목판
인쇄로 넘어가고 대신 공덕을 위한 새로운 신앙 의식의 차원에서
뿌리를 내렸던 시기라고 생각된다.

백지에 먹으로 쓴「대방광불화엄경」본문 이 사경은 통일신라시대에 이미 경전의 유통보다 수행과 서사 공덕을 위한 신앙적인 차원에서 이루어졌음을 보여 주고 있다.

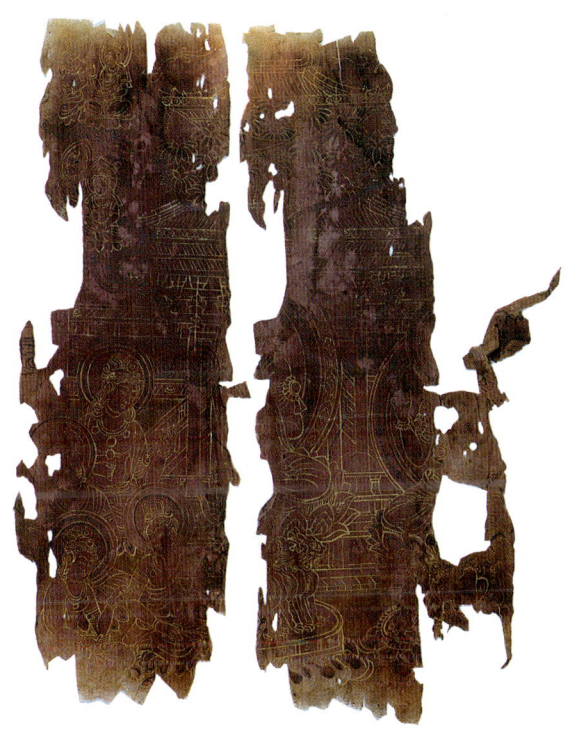

권머리 장식 그림 통일신라시대의 「대방광불화엄경」과 함께 나온 것으로 자색의 종이에 안팎 모두 금니로 묘사되어 있다. 이 사경 표지의 변상도로 불, 보살상과 사자좌 등이 묘사되어 있다. 왼쪽은 경전의 변상도로 생각되는 안쪽으로 불, 보살상과 사자좌 등이 묘사되어 있고 오른쪽은 왼쪽 변상도의 바깥 부분으로 표지이다. 통일신라시대(754~755년). 국보 196호. 호암미술관 소장.

고려시대

고려시대에는 신라시대 경전 신앙에 의한 사경 의식이 이어져 왔으나 필사의 근본 정신이 퇴색되고 복을 빌고 재앙을 물리치기 위한 불사의 일부분으로 성행하였다. 그리하여 순수한 신앙 의식보다 외형에 치중하여 호화로운 금, 은의 사경이 성행하였다. 이러한 것은 고려시대 불교의 성격을 명백히 나타내 주는 것이다.

고려 불교의 특색 가운데 하나는 불교가 국교였고 또한 당시 국가가 어지럽고 외난이 잦았던 만큼 난국을 구제하고자 하는 각종 법회나 불사가 지나칠 정도로 많았던 것을 들 수 있다.

이 시대의 사경은 바로 이러한 상황에서 국가적인 신앙 의식의 하나로 이루어진 불사였던 것이다. 이러한 불사나 법회 가운데 인왕경 도량(仁王經道場), 금광명경 도량(金光明經道場), 금강경 도량(金剛經道場), 경행(經行), 윤경회(輪經會), 전경(轉經) 등은 사경과 결부된 경전 신앙의 일부분으로 성행한 신앙 의식이었다.

지나친 신앙 의식의 성행은 내면적으로는 불교 본래의 면목을 상실하고 사치와 타락의 길로 접어들게 하였다. 또한 귀족 불교 문화의 융성을 가져왔는데 이 가운데서도 현종 때의 초조대장경

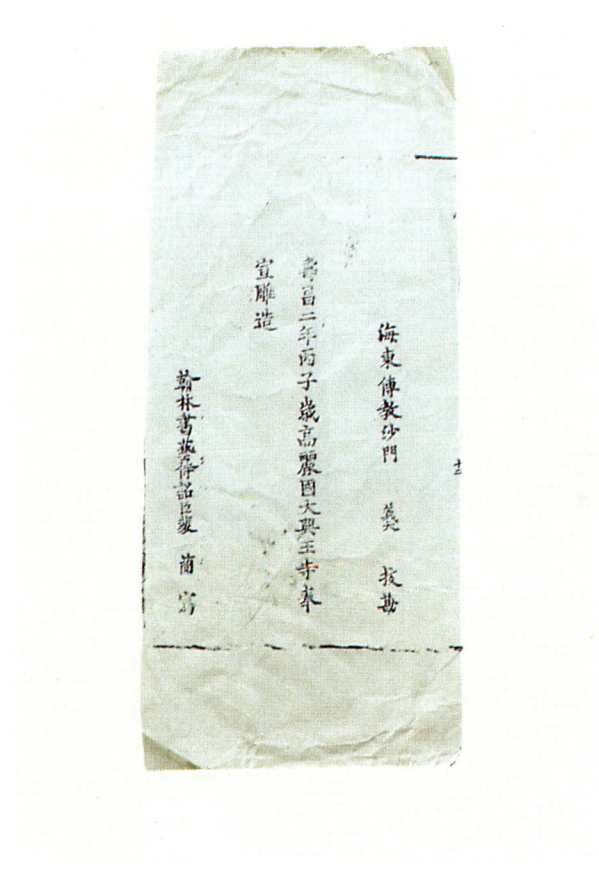

속장경 간기 대각국사 의천은 흥왕사에 교장도감을 설치하여 나라 안에 흩어져 있던 것은 물론이고 송, 요, 일본으로부터 대장경에 대한 연구 주석서를 집대성하여 1010 부 4740여 권을 간행하였다. 현재 국내에는 속장경 간기만 전래되고 있다. 동국대학 교 박물관 소장.

초조대장경 현종 2년에 거란족의 침입이 있자 이를 계기로 야만족의 침입에 대하여 문화국으로 입지를 세우고 부처님의 힘으로 국난을 타개하고자 하는 국가적인 차원에서 판각한 것이 초조대장경이다. 국내에 전래되는 초조대장경은 약 200여 권에 이르고 있다. 이것은 국보 246호인 「대보적경」이다. 송성문 씨 소장.

(初雕大藏經), 의천의 속장경(續藏經), 고종 때의 해인사 고려대장경 판의 간행은 세계 문화사에서 손꼽히는 문화 유산이다.

고려 초기에 북송에서 최초로 개보칙판대장경(開寶勅板大藏經)이 간행되어 성종 10년(991)에 수입되자 크게 자극을 받았는데 이러한 상황에서 현종 2년(1011)에 거란족의 침입이 있자 이를 계기로 야만족의 침입에 대하여 문화국으로 입지(立地)를 세우고 부처님의 힘으로 국난을 타개하고자 하는 국가적인 차원에서 판각한 것이 초조대장경이다.

이 대장경은 우리나라에서 처음으로 새겼기 때문에 초조대장경이라 부르는데 국내에 현재 전래되고 있는 초조대장경은 약 200여 권에 이르고 있다.

해인사 고려대장경판본「불설아미타경」 해인사 고려대장경판은 고려 고종 때 대장도
감에서 판각한 대장경판으로 초조대장경판이 몽고군의 침입으로 불타서 다시 만든
것이다. 이것을 흔히 재조대장경이라 하여 초조대장경을 복각한 것처럼 알려져 있으
나 사실은 다시 필사하여 새긴 것이다.

이를 보면 성성들여 필사한 판하본을 훌륭하게 새긴 정각본(精刻
本)이이시 당시 목판 인쇄 기술이 뛰어났음을 알 수 있다. 이때의
판하본은 인쇄용 대장경 필사본이었던 것이다. 이어서 대각국사
의천(1055~1101년)에 의해 흥왕사(興王寺)에 교장도감(教藏都
監)을 설치하여 나라 안에 흩어져 있던 것은 물론이고 송(宋), 요
(遼), 일본(日本)으로부터 대장경에 대한 연구 주석서(研究註釋書)
를 집대성하여 1010부 4740여 권을 간행하였다. 이것이 의천의
속장경으로 1090년에서 1101년까지 10여 년 동안 간행된 것으로
추정하고 있다. 현재 일본 나라(奈良) 동대사(東大寺)에「대방광불
화엄경수소연의초(大方廣佛華嚴經隨疏演義鈔)」(20권본)와 동경
대동급문고(大東急文庫)에「대방광화엄경소(大方廣華嚴經疏)」권

37쪽 사진 10이 전래되고 있고 국내에는 동국대학교에 속장경 간기(刊記)만 전래되고 있으며 송광사에 복각본(覆刻本)이 몇 종 남아 있다.

39쪽 사진 해인사 고려대장경판은 고려 고종 때 대장도감(大藏都監)에서 판각한 대장경판으로 초조대장경판이 몽고군의 침입으로 불타서 다시 만든 것이다. 이 대장경은 1232년에 강화도로 도읍을 옮기고 몽고의 침입에 대항하면서 판각한 고려인의 호국 의지가 모인 문화유산이다. 특히 당시 개태사(開泰寺) 승통(僧統)으로 있던 수기(守其)에 의해서 북송관판(北宋官版)과 거란판(契丹版) 및 우리나라 초조대장경을 대교(對校)하여 한역 대장경 역사상 가장 완벽하고 정확한 대장경으로 널리 알려져 있다. 이 대장경을 흔히 재조대장경(再雕大藏經)이라 하여 초조대장경을 복각한 것처럼 알려져 있으나 사실은 다시 필사하여 새긴 것이다. 그러므로 이 대장경은 고려시대 최대의 인쇄용 사경 작업으로 이루어진 것이다.

이렇게 대장경이 여러 차례에 걸쳐 간행될 수 있었던 것은 인쇄 기술의 발달은 물론이고 사경을 주로 한 경전 신앙 의식이 성행했기 때문이다.

고려시대 사경은 귀족 불교라는 고려시대 신앙 성격이 말해 주듯 국왕과 귀족이 중심이 되어 이루어졌다. 그러므로 사경은 백지에 먹으로 쓴 것보다 금, 은을 사용한 금자경과 은자경이 성행하였다. 고려 초기에는 도읍의 주요 사찰을 중심으로 사경하였으나 무신이 집권한 중기 이후부터는 국가에서 설치한 사경원(寫經院)에서 했다.

고려 초기에 들어와서 금, 은을 사용하지 말자는 최승로(崔承老; 927~989년)의 상소가 있었으나 후대에까지는 영향을 미치지 못하였던 것 같다.

그리고 명종 5년에는 민간에 만연되고 있는 사치 풍조를 금하면서 금, 은은 불상과 경에만 사용하게 했던 점으로 보아 일반의 사치 풍조는 막았으나 불상과 사경을 위한 용도에는 사용을 제한하지 않았음을 알 수 있다.

불교가 국교였기 때문에 신앙 행위로 금, 은 사용은 막을 수 없었던 것이다. 오히려 금, 은의 사용이 보다 공덕을 쌓는 일이라고 생각하여 더욱 성행하였다. 이러한 금, 은을 사용한 사경의 제작은 막대한 경제력과 신앙심이 전제되어야 이루어질 수 있었기 때문에 일반 개인으로서는 한계가 있게 마련이고 임금이나 귀족들만이 할 수 있었던 것이다. 따라서 고려시대 사경은 국왕이 발원한 사경과 귀족들이 개인의 신앙을 위해 발원한 개인 발원경으로 크게 나누어 볼 수 있다.

국왕 발원경(國王發願經)

국왕이 발원한 사경은 개별 경전도 있지만 대부분 대장경으로 사경된 것이고, 외침과 내란을 불법으로 진압하여 나라를 지킨다는 진호 국가 사상에 기초를 두고 국가적인 사업으로 전문 사경사를 고용하여 이루어졌던 것이다. 고려시대 제일 먼저 이루어진 금자 대장경으로는 1007년에 목종(穆宗)의 어머니인 천추태후(千秋太后) 황보(皇甫) 씨가 총애하던 신하 김치양(金致陽)과 함께 발원하여 필사한 것인데 이 가운데 현재 감지에 금니로 쓴 감지금니「대보적경(大寶積經)」권 32(일본 교토박물관 소장)가 전래되고 있다.

42쪽 사진

이 밖에 고려 초기 국왕 발원경은 전래된 것은 없으나「고려사」에 다음과 같은 초기의 국왕 발원경에 관한 기록이 보이고 있다.

※ 문종 13년(1058) 11월 정종(靖宗)의 혼당(魂堂)에 있던 금, 은기(金銀器)와 북송에서 보내 온 예물인 오색 비단으로 장경(藏經)을 이룩하여 정종의 명복을 빌었다.

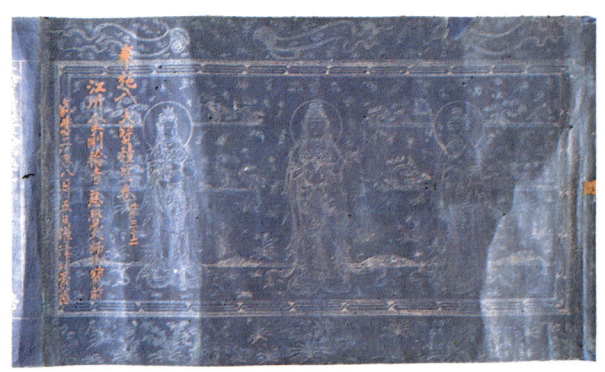

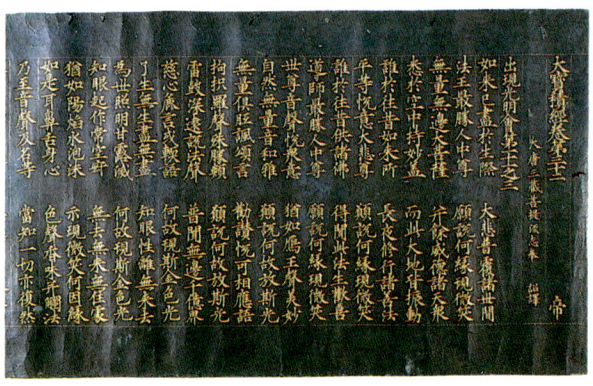

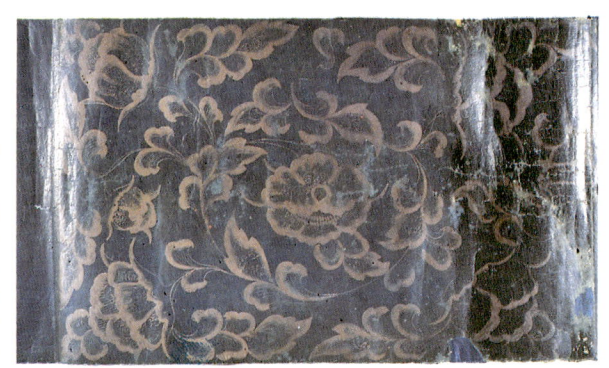

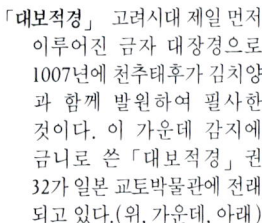

「**대보적경**」 고려시대 제일 먼저 이루어진 금자 대장경으로 1007년에 천추태후가 김치양과 함께 발원하여 필사한 것이다. 이 가운데 감지에 금니로 쓴 「대보적경」 권 32가 일본 교토박물관에 전래되고 있다.(위, 가운데, 아래)

⁂ 문종 31년(1077) 3월 흥왕사에 행차하여 새로 만든 금자「화엄경」을 전독하였다.

⁂ 숙종 6년(1101) 하(夏) 4일 일월사(日月寺)에 행차하여 금자로 쓴「묘법연화경」이 이룩됨을 경축하였다.

⁂ 숙종 7년(1102) 5월 현화사(玄化寺)에 행차하여 은으로 쓴 유가 현양론(瑜伽顯揚論·顯揚聖教論)」(20권본)을 경축하였다.

⁂ 의종 10년(1156) 4월 왕이 흥왕사에 행차하여「화엄경」을 전독하였다. 이는 왕이 후사가 없어 왕비 김씨와 더불어 맹세하기를 "만약에 아들을 낳으면 마땅히 금, 은자로「화엄경」4부를 이룩할 것"이라고 하였더니 원자(元子)가 탄생하며 2부를 사성(寫成)하였으므로 흥왕사 홍교원(弘教院)을 수리하여 이를 간직하게 하고 원액(院額)을 홍진(弘眞)이라 고쳐 크게 법회하고 낙성하였다.

이와 같이 초기에는 국왕이 발원한 사경은 단일 경전인 경우가 많았으며 서울의 중요 사찰에서 사성했던 것이다. 그 뒤 중, 후기에 들어오면서 빈번한 수요를 위해 사경원이 설치되었고 이어 금자원(金字院), 은자원(銀字院)이 함께 설치되어 금, 은자로 대장경의 사성이 많이 이루어졌다.

사경원에 대해서는「고려사」명종 11년(1181) 정월조에 "사경원에서 공(公), 사(私)간에 돈과 재물(錢財)를 시주하여 은자 장경(銀字藏經)을 사성하고 있었는데 무뢰배들이 그 물건을 훔치려고 불을 지른 사건이 발생하였다"는 기록이 처음 보이고 있다. 이 사건은 명종 5년에 만연되고 있는 사치 풍조를 막기 위해 일반인에게 금, 은의 사용이 금지되었기 때문에 일어난 사건이 아닌가 생각된다. 어쨌든 이때 이미 대장경 필사를 위한 사경원이 설치되고 여기서 은자 대장경을 필사하였던 것이다.

이와 더불어 명종 때는 금자 대장경도 필사되었다. 명종 15년

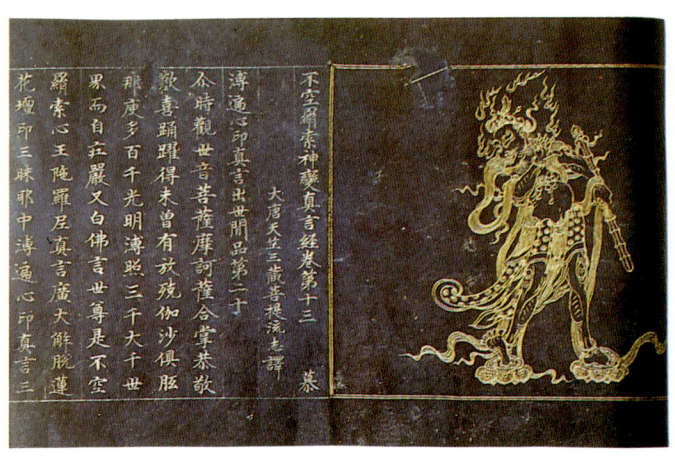

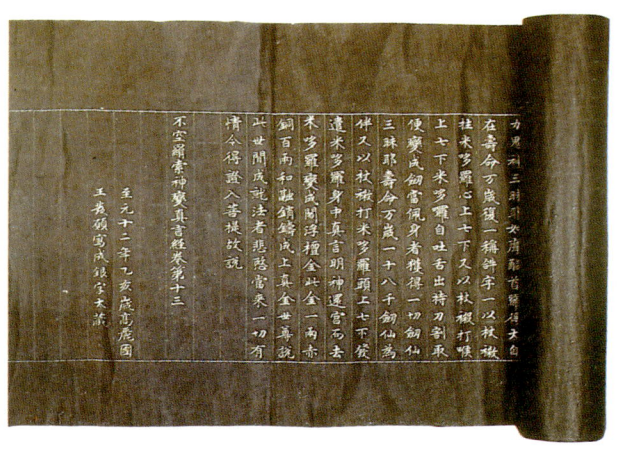

「불공견색신변진언경」권 13　금, 은자의 사경은 고려 후기에 접어들면서 매우 성행하였
　　다. 은자 대장경으로 충렬왕 원년(1275)에 감지에 은으로 쓴 것이다. 호암미술관
　　소장.(위, 아래)

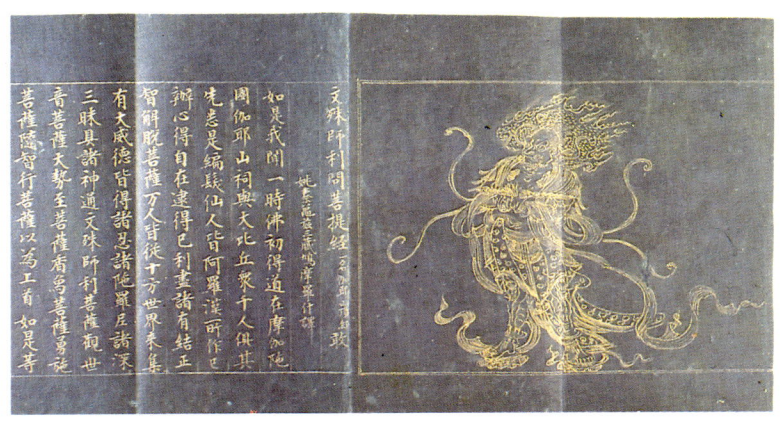

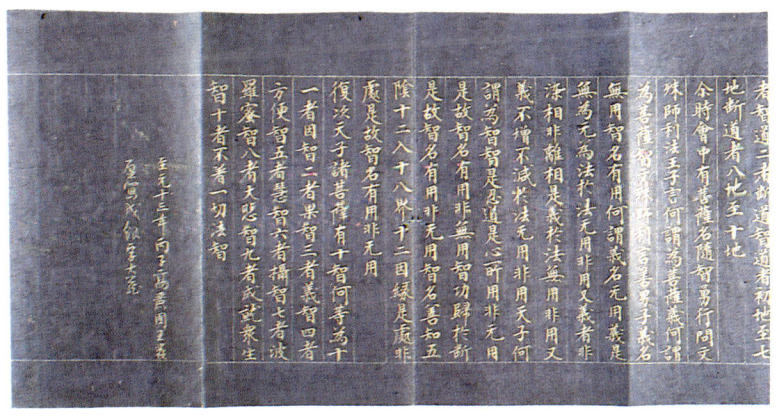

「문수사리문보리경」 충렬왕 2년(1276)에 사경한 것이다. 감지에 은니로 간선을 긋고 금니로 쓴 것이다. 일본 교토박물관 소장.(위, 아래)

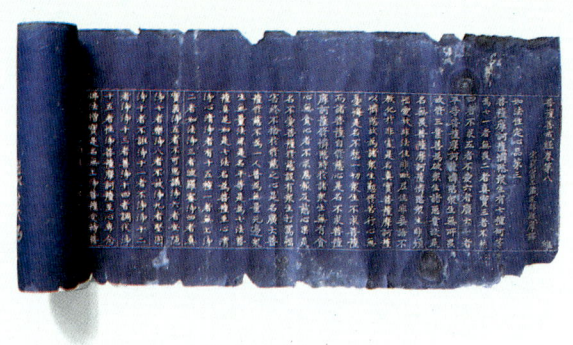

「보살선계경」권 8 충렬왕 6년(1280)에 감지에 은으로 쓴 것이다. 충렬왕은 집권 초기
에는 은자 대장경을 먼저 사성하였고 이 은자 대장경이 다 이룩될 무렵부터 또 금자
대장경 사성을 시작하였다. 동국대 박물관 소장.

(1185)에 세운 직지사 대장전비(直指寺大藏殿碑)에 국가가 어려움
이 많아 복을 빌기 위해 금자 대장경의 사성을 발원했다는 기록이
보인다. 금자 대장경의 사성이 한낱 사찰의 힘으로는 불가능하였으
므로 역시 사경원에서 국가적인 사업으로 이룩하였을 것으로 보이
므로 명종 때 은자 대장경뿐 아니라 금자 대장경 사성도 이루어졌을
것으로 생각된다.

　　이러한 금, 은자 대장경의 사성은 고려 후기에 접어들면서 매우
성행하였는데 특히 충(忠)자 임금 때가 전성기였다. 곧 충렬왕(忠烈
王) 때의 은자 대장경으로는 원년(1275)의 감지에 은으로 쓴 「불공
견색신변진언경(不空羂索神變眞言經)」권 13, 2년(1276)의 「문수사
리문보리경(文殊師利問菩提經)」, 4년(1278)의 감지에 은으로 쓴
「불설보살본행경(佛說菩薩本行經)」 6년(1280)의 「보살선계경(菩薩
善戒經)」권8, 10년(1284)의 감지에 은으로 쓴 「현식론(顯識論)」
등이 전래되고 있다. 충렬왕은 집권 초기에는 은자 대장경을 먼저

44쪽 사진
45쪽 사진

사성하였고 이 은자 대장경이 다 이룩될 무렵부터 또 금자 대장경 사성을 시작하였다.

금자 대장경은 충렬왕 7년(1281)부터 시작하여 15년(1289) 까지 완성하였던 것이다. 1281년에 국왕의 총애를 받던 승지 염승익이 자기 집의 일부를 금자 대장사경소(金字大藏寫經所)로 헌납하면서 이 일이 시작되었다고 보인다. 충렬왕은 금자 대장경에 관심이 많았던 듯 1283년에는 공주와 더불어 금자 대장원(金字大藏院)에서 승려들을 공양하면서 격려했고, 1288년에 또 행차하였다는 기록이 나타날 정도로 정성을 기울여 1289년에 금자 대장경이 완성되었다. 임금은 금자원에 가서 사성된 대장경을 친히 보고 경찬회를 베풀었다. 이때의 금자 대장경으로는 1284년에 쓴 감지금니「불설잡장경(佛說雜藏經)」과 1285년에 쓴「묘법성념처경(妙法聖念處經)」이 일본과 중국에 전래되고 있다.

이때는 사경 제작에 뛰어난 기술을 지니고 있어 원나라까지 알려지게 되었다. 그리하여 원나라에서는 사신을 보내어 글씨를 잘 쓰는 승려를 요청하여 충렬왕 16년(1290)에는 100명의 사경승을 보냈고 23년(1297), 28년(1302)에도 원나라에서 요청이 와서 보내고 또 31년 (1305)에도 사경승 100명을 보냈다는 기록이 전하고 있다. 이때 은자 대장경은 은자원에서, 금자 대장경은 금자원에서 따로 사성하였다. 충렬왕의 맏아들인 충선왕이 왕자 시절에 이미 삼대장소(三大藏所)에 행차했다는 기록이 있어 충렬왕 당시에는 사경원, 금자원, 은자원 등 세 곳에 사경승이 항상 머물면서 사경 제작을 했음을 알 수 있다.

충선왕은 자신에게는 매우 검소하고 근신(謹慎)이 몸에 밴 사람으로 재위 7년 만에 왕자에게 왕위를 물려주는 등 세속의 권력에 연연하지 않고 불교에 깊이 심취했던 임금이었다. 그는 왕자 시절부터 사경원에 출입하며 오대부경(五大部經)을 쓰게 하는 등 사경

제식에 열의를 가지고 있었다. 즉위 원년(1309)에는 수녕궁(壽寧宮)에서 승려 1만 명에게 공양하고 궁(宮)을 절로 만들어 모후(母后)의 명복을 빌게 하고 '민천사(旻天寺)'라고 사액(賜額)하였다. 그 뒤에도 매달 승려 3천 명씩 민천사에서 공양하였고 이 민천사를 수리하고 토목 공사를 지극히 하였으며 동(銅)으로 불상 34구를 만들고 금, 은 대장경 2부와 묵본(墨本) 대장경 50부를 사성하였다. 또 번승(蕃僧)을 불러다 불경을 번역하여 수계(受戒)하기를 거르는 달이 없었다(「익재난고」권 9 상). 이 가운데 금자 대장경은 원나라에서 사성을 청부받아 끝내고 난 뒤 1312년부터 시작했는데 다음해 왕세자에게 전위(傳位)하고 난 다음 심양왕으로 있으면서도 계속하였던 것 같다. 이때의 금자 대장경으로 1319년에 사성한

49쪽 사진 「섭대승론석론(攝大乘論釋論)」권 3과 「불설불명경(佛說佛明經)」

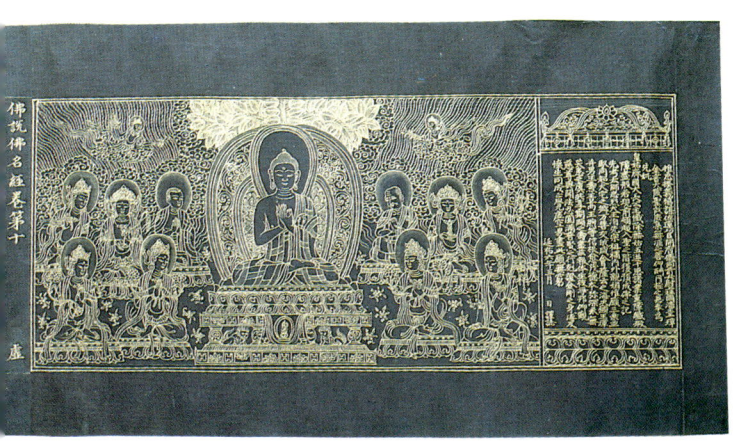

「불설불명경」 권 10 금자 대장경은 1312년부터 시작하
였는데 충선왕이 왕세자에게 왕위를 물려주고 심양왕
으로 있으면서도 계속하였다. 이때의 금자 대장경으로
1319년에 사성한 것이다.

권 10이 최근에 발견되어 당시의 면모를 살펴볼 수 있게 되었다.

충선왕 때도 원나라에 사성 기술을 전해 주었다. 즉위 원년에는
원나라에서 불경 용지를 보내 달라고 하더니 다음해부터는 금을
가지고 와서 금자 대장경을 제작하여 가져갔다. 이때 감독으로 원나
라 관리로 있던 방신우(方臣祐)가 와서 민천사에 승려와 속인 3백
명을 모아 사성하여 3년(1311) 11월까지 사성하였다. 방신우는
충렬왕 때 성격이 까다로운 제국대장공주를 모시며 신임을 받아
원나라에 가서(1289년) 원나라 성종, 무종을 거치면서 신임을 두텁
게 받아 장작원사(將作院使)가 되었던 사람이다. 무종(武宗) 때
황태후가 "고려 사람들이 해서(楷書)를 잘 쓰는데 누구를 보내 금자
대장경을 사성하여 볼 수 있는가?" 하여 믿고 보낼 수 있는 인물로
방신우가 뽑혀 고려에 와서 금자 대장경 사성의 책임을 맡았던 것이

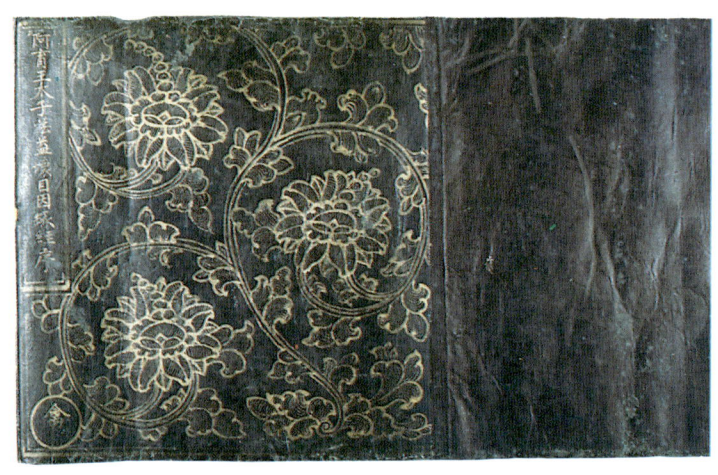

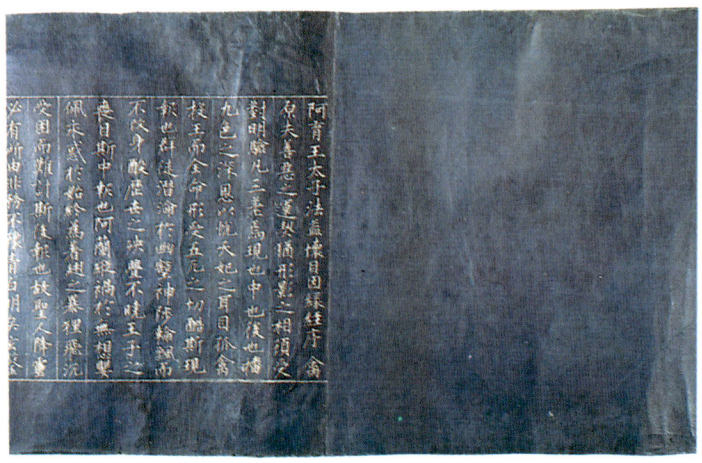

「아육왕태자법익괴목인연경」 충숙왕은 즉위하면서 은자 대장경 사성에 착수하였는데 1325년에 사성한 것이다. 일본 교토박물관 소장.(위, 아래)

다(「익재난고」 권 7).

충숙왕은 재위 원년(1314) 정월에 은자원으로 만항(萬恒)을 방문하였다. 만항은 조계산 수선사 제10국사인 혜감국사(慧鑑國師)인데 당시 은자원에 주석했던 것으로 보인다. 대장경의 사성은 불교계에서 보면 큰 불사이고 국왕은 시주자가 되는 셈이었다. 이러한 기록으로 미루어보아 충숙왕은 즉위하면서 은자 대장경 사성에 착수하였음을 알 수 있는데 이 당시에 사성된 은자 대장경으로 1325년의 「아육왕태자법익괴목인연경(阿育王太子法益壞目因緣經)」이 현존하 50쪽 사진 고 있다. 충숙왕 때에도 원나라에서는 사경용 종이를 1321년과 1338년의 두 차례에 걸쳐 사신을 보내 구하러 왔다. 충숙왕은 이 밖에도 금자 밀교 대장경을 사성했다. 「익재난고」 권 5(「동문선」 85권에도 수록되어 있다)에 실려 있는 '금서밀교대장서(金書密教大藏書)'를 보면

전하께서 만기(萬機)의 겨를에 불경에 유의하사 밀교에 있어서는 더욱 신앙이 절실하시므로 내탕금(內帑金)을 사용하여 이금(泥金)으로 쓰게 하시니 봉익대부 판내부시사상호군 나영수(奉翊大夫判內府寺事上護軍 羅英秀)가 실로 그 일을 주장하게 되어 이에 구본(舊本)을 여러 경에 비교하여 혹은 고치고 혹은 삭제하여 바르게 만들고도 거두지 못한 것은 더 구하여 40권을 얻어 구본과 함께 총 130권이 되자 글씨 잘 쓰는 이에게 부탁하여 부별로 나누어 써 내니 찬란하여 열성(列星)이 빛나고 여러 꽃송이가 한꺼번에 핀 것 같아서 그야말로 법보였다. 지금 전하께서는 백성의 재물을 손상시키지 않고 백성의 힘을 허비하지 아니하고 간략하되 그 요령을 얻었고 빨리 하였지만 그 정함을 이루었으니 불씨의 뜻을 체득한 것인 동시에 그 공덕이 어찌 용이하게 평가될 수 있으랴.

라고 하였다. 이를 보면 당시 국왕 발원경은 국가의 재정을 축냈을 뿐 아니라 대부분 백성의 성금을 거두어 했음을 알 수 있다. 다시 말하면 국왕 발원경은 국왕이 내탕금을 쓰든, 신하나 백성에게 거두어 사경하든 국가의 재정을 궁핍하게 하는 일이었다. 최승로가 성종 원년(982)에 쓴 상소에 "불경을 베끼고 불상을 만드는 것은 다만 오래 전하려는 것인데 어찌하여 진귀한 보배로 장식하여 도둑질할 마음을 열어 두는 것입니까. 신라 말기에 불경과 불상에 모두 금과 은을 써서 사치로움이 정도에 지나쳤으므로 마침내 멸망되었습니다. 근래에도 그 남은 풍습이 없어지지 않았습니다. 원하옵건대 금지하여 그 폐단을 고치소서" 하고 또 "불법을 숭신(崇信)하는 일은 좋지 않은 일은 아니지만 임금과 서민이 공덕을 짓는 일은 실로 같지 않습니다. 서민이 공덕을 짓는 일은 수고로운 것은 자기 힘이고 허비하는 것은 자기의 재물이어서 해가 미치지 않습니다만 제왕에게 있어서는 수고로운 일이나 재물은 백성의 것입니다"라고 한 내용을 보면 당시의 국왕 발원경 사성에 따른 부정적인 시각이 잘 나타나 있다.

이렇게 임금마다 보위에 오르면 특권인 것처럼 경쟁하듯이 한 대장경 사성은 국가 재정의 궁핍을 초래하였을 뿐 아니라 불교 신앙면에서는 의식의 속화(俗化)를 가져오고 불교 본연의 자세가 흐트러져서 불교계가 타락의 길로 접어들게 되었다. 그러나 국왕의 발원경은 당시 일류 전문 사경승을 배출하게 되어 뛰어난 사경 기술은 마침내 원나라에 알려져 기술을 수출마저 하였다. 이리하여 원나라에 당시 고려 사경 형태의 사경이 전파되었는데 현재 일본 교토박물관에 소장되어 있는 「대방광불화엄경」권 71, 72, 73이 그 예의 하나이다. 이「화엄경」은 감지에 금, 은니를 혼합한 사경인데 변상도와 경 이름과 불, 보살, 법의 글자는 모두 금니로 쓰고 나머지는 은니로 쓴 것이다. 충렬왕 17년(1291)에 장안(長安)의 종남산 만수

53쪽 사진

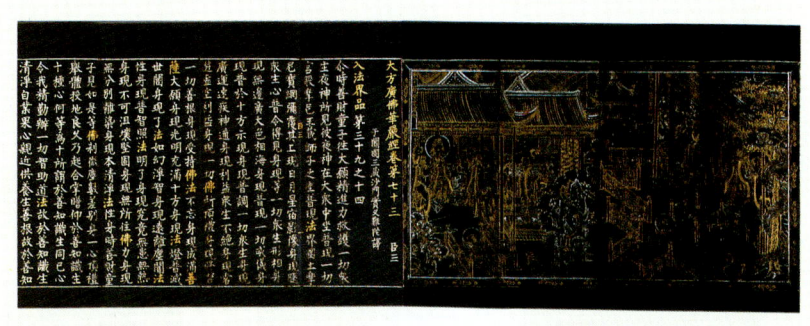

「대방광불화엄경」권 73   감지에 금, 은니를 혼합한 사경인데 변상도와 경 이름과 불, 보살, 법의 글자는 모두 금니로 쓰고 나머지는 은니로 썼다. 이 경전은 고려 사경 형태가 원나라에 전파된 예를 보인다. 일본 교토박물관 소장.

선사(終南山 萬壽禪寺) 주지인 혜월선사(惠月禪師)의 발원으로 필사 되어 있시만 고려의 사경과 닮아 있을 뿐만 아니라 충렬왕 16년 (1290)에 고려의 사경승 100명이 원나라로 건너간 일이 있기 때문 이다. 이렇게 원나라는 고려 사경 기술자를 여러 차례 초청하여 금, 은의 사경 사업을 자주 벌인 일이 패망의 한 원인이 되었다.

현존하는 국왕 발원경을 보면 표지의 장정(裝幀)과 변상도 및 본문 글씨가 매우 정교하고 호화스러워 사경 가운데에서 일품이라 할 만한 것들이다. 이러한 국왕 발원 대장경은 책머리의 경전 이름 아래에는 다음과 같이 반드시 천자함(千字函) 표시가 되어 있음이 54쪽 사진 특색이다.

「불설보살본행경(佛說菩薩本行經)」권 하, 복(覆)

「대보적경(大寶積經)」권 제32, 제(帝)

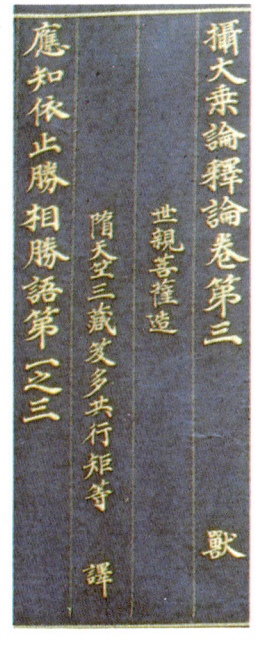
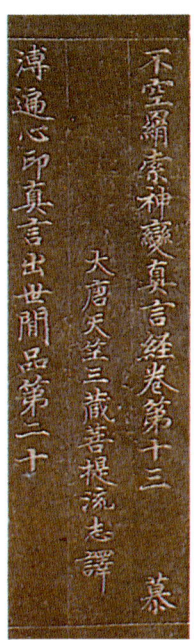
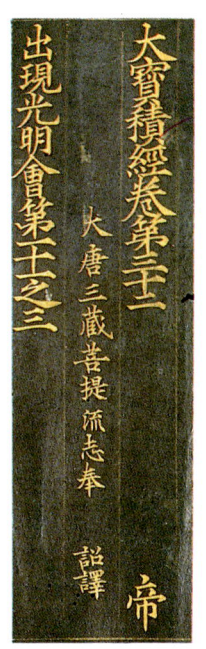

천자함 표시 국왕 발원 대장경은 책머리의 경전 이름 아래에는 반드시 천자함(千字函)이 표시되어 있다. 왼쪽은 수, 가운데는 모, 오른쪽은 제라는 글씨가 있다. 이러한 천자문 표시법은 대장경으로 이루어졌음을 나타내는 것으로 개인 발원경과 구별되는 다른 점이다.

「문수사리문보리경(文殊師利問菩提經)」 감(敢)

「불공견색신변진언(不空羂索神變眞言)」 권 제13, 모(慕)

「보살선계경(菩薩善戒經)」 권 제8, 유(維)

「섭대승론석론(攝大乘論釋論)」 권 제3, 수(獸)

「불설불명경(佛說佛明經)」 권 제10, 허(虛)

이렇게 대장경을 간행할 때나 필사할 때는 천자문의 순서인 천(天), 지(地), 현(玄), 황(黃) 등으로 경전의 순서를 표시하는 것인데 이런 점이 개인 발원경과 구별되는 다른 점이다.

사경의 마지막 부분 은자 대장경은 끝에 적은 경의 제목 다음에 필사 연도와 국왕 발원 은자 대장경임을 기록하고 있다. 이 경은 왼쪽 끝에 「보살선계경」 권 제8"이라는 경의 제목 다음에 "지원 17년 경신세 고려국왕발원 사성 은자 대장"이라고 기록하였다.

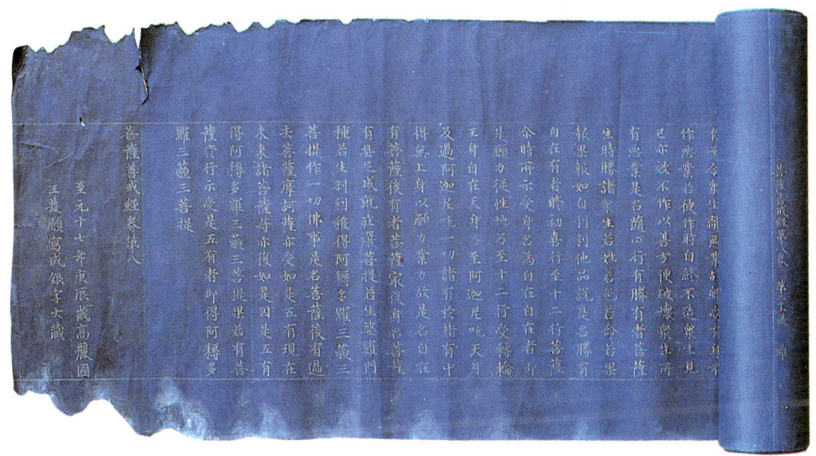

그리고 사경의 마지막 부분에는 은자 대장경은 권미제(卷尾題) 다음에 "지원 12년 을해세 고려국왕발원 사성 은자 대장(至元十二年乙亥歲高麗國王發願寫成銀字大藏)" 등으로 필사 연도와 국왕 발원 은자 대장경임을 기록하고 있고 필사자는 제일 끝장 뒷면에 경 이름과 장수 표시 옆에 "삼중대사 안제(三重大師安諦)" "선사 안제(禪師安諦)" 등이 기록되어 있다.

그러나 금자 대장경인 경우에는 "지원 21년(至元二十一年) 갑신세 고려국(甲申歲高麗國) 국왕궁주특위(國王宮主特爲) 황제만년법계 함령공증보리(皇帝萬年法界含靈共證菩提) 발원 사성 금자 대장(發願寫成金字大藏) 선사 지호 서(禪師之護書)"라고 은자 대장경과는 달리

56쪽 사진

발원 내용과 필사자가 등장하고 있다. 그리고 충선왕이 퇴임 뒤 심양왕으로 있으면서 사성한 금자 대장경은 돌아가신 부모인 충렬왕과 제국공주(齊國公主)를 비롯하여 선조의 명복과 자신의 아들인 충숙왕 등을 위해 발원한 것으로 되어 있다. 이것은 은자 대장경은 물론 충렬왕 때의 금자 대장경과도 발원 체제를 달리하고 있는 개인 발원경의 성격을 지닌 것이라 볼 수 있다.

　이상의 고려시대 국왕 발원경은 당시 불교 신앙의 한 유형으로 성행하여 고려시대 문화의 꽃이라 할 만한 최고의 예술품으로 오늘날까지 우리 앞에 그 면모를 과시하고 있다.

금자 대장경 끝부분 「대보적경」으로 발원 내용과 필사자가 적혀 있다. 일본 교토박물관 소장.

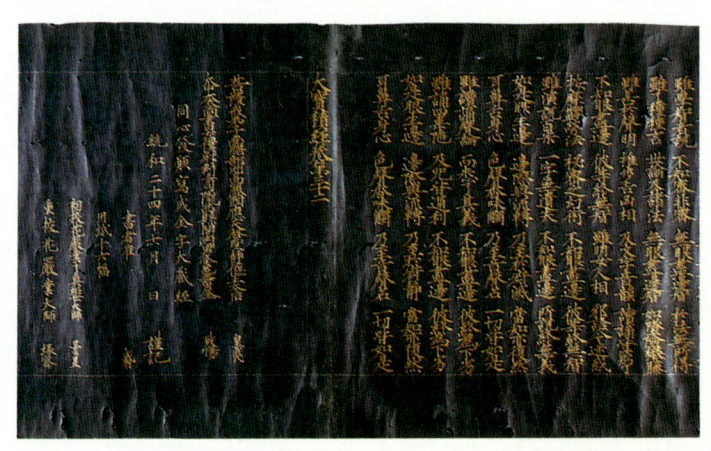

개인 발원경(個人發願經)

고려시대는 국왕 발원의 사경이 성행하였기 때문에 많은 전문 사경승이 등장하게 되었고 사경은 당시 신앙의 한 유형으로 되어 일반에까지 큰 영향을 미쳤다. 그리하여 주로 귀족이 중심이 된 금, 은자의 개인 발원경이 성행하게 되었다. 이들 개인 발원경은 당시 성행했던 국왕 발원경의 영향과 성숙된 사경 기술의 보급으로 국왕 발원경과 비교하여 손색이 없을 정도로 상당한 수준이었다.

개인 발원경은 대체로 전문 사경승에 의뢰하여 하는 경우와 개인이 직접 사경하는 경우로 나눠 볼 수 있다. 개인이 직접 사경하는 것이 사경 과정에서의 수행을 쌓는 일이고 또한 그것이 공덕이 되는 일이나, 현존 사경을 보면 발원자 자신이 직접 필사한 것에 비해서 상당수가 전문 사경사에 의하여 사성한 것이 많다. 이러한 것은 당시의 사경 신앙이라고 할 하나의 신앙 형태로서, 개인이 신앙 자세를 가다듬고 부처님에 대한 실체감 충족과 불교인으로서 자기 확인을 위한 행위로 자기를 대신해서 사경하여 공덕을 회향할 능력이 있는 승려에게 의뢰하는 것이었다.

그러므로 개인 발원경의 대부분은 발원자가 시주자로 참가하는 경우가 된다. 또한 승려가 발원하여 시주자를 모집하여 사성한 경우도 보이고 있다. 이러한 경우는 신분의 높고 낮음이나 귀천에 관계없이 동참할 수가 있다. 특히 고려 중, 후기부터는 일반인에게 금, 은의 사용이 금지되어 있었기 때문에 사찰에서 승려가 주관하는 금, 은자 사경 작업에 동참함으로써 신앙인으로서의 자기 위치를 확인할 수 있었다고 보인다.

이러한 사경의 권말에는 반드시 발원문을 기록하고 있어 당시 사경을 통한 신앙 형태를 살필 수 있다. 또 사경에 동참하는 사람의 관직, 품계 등이 상세히 적혀 있어 당시 사회상과 인물들을 살피는

데 중요한 사료가 되고 있다.

이렇게 사경이 성행했던 근거는「법화경」의 '권발품'에 "법화경을 서사(書寫)하면 도리천에 태어날 수 있다"고 설해져 있고 또 '법사품'에 "법화경을 수지, 독송, 해설, 서사하면 공덕이 된다"고 설하고 있는 데 연유한 공덕 신앙에 의해서 번창했던 것이다.

당시 이러한 공덕을 위해 금, 은자 사경이 유행했던 것을 현존 사경을 보면 알 수 있다. '가난한 사람의 등 하나(貧者一燈)'의 비유에서 보듯이 정성을 다한 가난한 사람의 초라한 한 개의 등불이 허영심에서 나온 장자(長者)의 만 등보다 낫지만, 공덕을 위해서는 백지에 묵서(墨書)한 것보다 화려한 색지에 금, 은으로 서사하는 것이 보다 공덕이 더한 것으로 생각했을 것이다. 그리하여 표지도 금, 은니로 호화롭게 장식하게 되었다.

개인 발원경은 어디까지나 개인의 신앙심의 발로로 사성된 것이다. 개인 발원의 내용은 각 사경의 권말에 간단히 적고 있는데,「사성법화경경찬소(寫成法華經慶讚疏)」(「동문선」권 111 수록)에 이러한 발원 자세가 잘 묘사되어 있다. 이 내용을 소개하면 다음과 같다.

묘법(妙法)이 구경(究竟)의 말씀이기에 범부라도 잠깐 들으면 모두 성불할 수 있으며 한 글귀 한 게송만 외워도 지옥이 비었고 반 글자의 경전을 베껴도 천당으로 화하였으니, 감응됨이 이와 같으니 어찌 이 법을 받들어 행하지 않으리까. 제자는 다행스럽게도 복(福) 심기를 깊이 하여 열어 주신 그 방편의 말씀을 들었기에 손수 참된 진리를 베껴 부처님께 공양할 것을 일찍이 마음에 맹세하였으나 몸이 망녕된 경지에 빠져 헤매이므로 그 원력을 이루지 못하였사옵니다. 그러나 유통하는 이익에 있어서는 나와 남의 다름이 없기 때문에 일부러 숲속의 도인을 청하여 금으로 부처님의 말씀을 쓰니, 글자마다 법계(法界)여서 삼천 세계가 모두 떳떳하고 티끌마다 진여(眞如)이어서 사일(四一) 법문이 모두 미묘하옵니다.… 원하옵건대, 첫째는 세 분의 전하께서 더욱 하늘의 도움을 받아 사방이 다 제 토지의 산물을 바치게 하오며, 다음엔 돌아가신 부모가 혹시 삼도(三途)의 열뇌(熱惱)에 떨어지더라도 빨리 구름다리를 밟아 맑고 서늘한 윗세계에 노닐어 다시 연품에 오르게 하시며, 나아가서는 저의 어린 자식과 아내까지 지금 오복을 더하고 후세엔 서방 세계에 태어나게 하시며, 널리 어두운 중생들도 함께 큰 수레를 타게 하여 주옵소서.

이러한 개인 발원경은 대체로 국왕과 국가의 태평을 먼저 빌고, 망자(亡者)의 극락 왕생 및 자신의 수복(壽福)을 빌며, 마지막에는 모든 중생이 함께 고통 없는 좋은 세상이 되기를 빌고 있다.

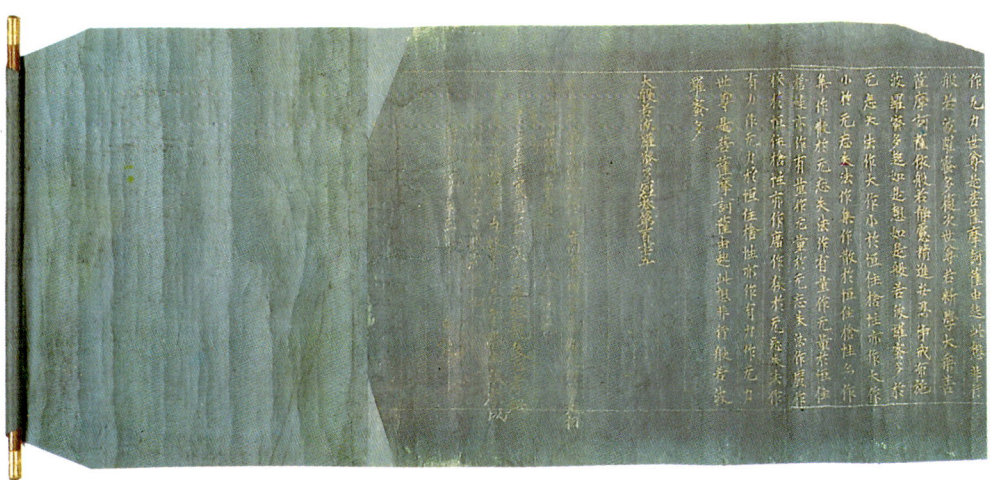

「대반야바라밀다경」권 175   현존하는 개인 발원경 가운데 가장 오래 된 것으로 문종 9년(1055)에 김융범이 국왕과 국가의 태평을 빌고 조부와 부모의 명복을 빌기 위해 사성한 것이다. 서울 강대영 씨 소장. 보물 887호.

개인 발원경 가운데에는 속인(俗人)뿐만 아니라 승려의 발원경도 있었다. '유명조선국 보각국사비명병서(有名朝鮮國 普覺國師碑銘并序)'에 보면 보각국사 혼수(混修)가 어머니가 돌아가시자 사람을 시켜 지정(至正) 15년부터 16년에 「대자법화경(大字法華經)」을 써서 어머니의 명복을 빌었다는 기록이 있다(「양촌집」권 37).

현존하는 개인 발원경으로는 문종 9년(1055)에 금오위 대장군 (金吾衛 大將軍)으로 있던 김융범(金融範)이 국왕과 국가의 태평을 빌고 먼저 돌아가신 조부와 부모의 명복을 빌기 위해 사성한, 감지에 은자로 쓴 「대반야바라밀다경(大般若波羅蜜多經)」권 제175 (보물 887호)가 가장 오래 된 것이다.

59쪽 사진

이 밖에 제작 연도가 확실한 개인 발원경은 충렬왕대 이후에 들어와서 사성된 것이 전래되고 있다. 충렬왕대의 사경으로는 1294년에 중정대부(中正大夫)로서 종부시(宗簿寺)의 영(令)을 지냈던 안절 (安節)에 의해 사성된 감지에 은니로 쓴 「묘법연화경」이 국립중앙박물관에 소장되어 있다. 이 사경은 돌아가신 부모의 명복을 빌고 자신과 가족의 수복(壽福)을 빌기 위해 사성한 것인데 모두 앞뒤로 필사하여 4첩(帖)으로 제본되었는데 권 7 뒷면에는 「아미타경범행품대비심합부(阿彌陀經梵行品大悲心合部)」가 필사되어 있다.

62쪽 사진

63쪽 사진

그리고 충렬왕 때 밀직사우승(密直司右丞)으로 있던 염승익이 발원하여 사성한 감지에 은니로 쓴 「묘법연화경」이 개성 남계원 석탑(開城南溪院石塔)에서 나와 현재 국립중앙박물관에 소장되어 있다.

충선왕(忠宣王)대의 사경으로는 제주 목사(濟州牧使)를 역임했던 철원군 최서(鐵原君 崔瑞)가 1311년에 발원하여 사성한 「묘법연화경」권 5가 일본 경도(京都) 보적사(寶積寺) 소장으로 현재 교토박물관에 보관되어 있다.

61쪽 사진

그리고 삼중대광(三重大匡)이라는 정일품 벼슬에 있던 영인군

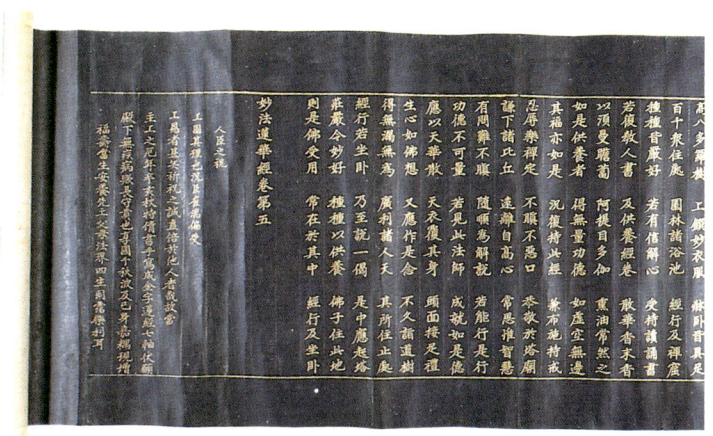

「묘 법연화경」 권 5   충선왕대 개인 발원경으로 제주 목사를 지낸 철원군 최서가 131
1년에 발원하여 사성한 것이다. 이 경은 현재 일본 교토 보적사 소장으로 교토박물관
에 보관되어 있다.

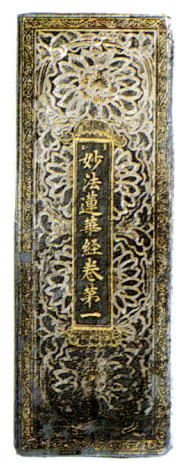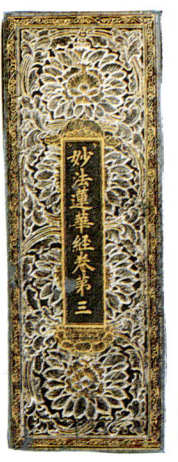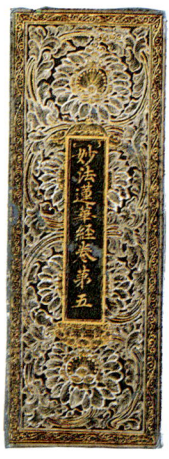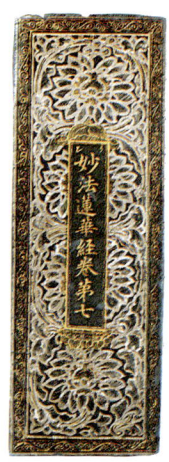

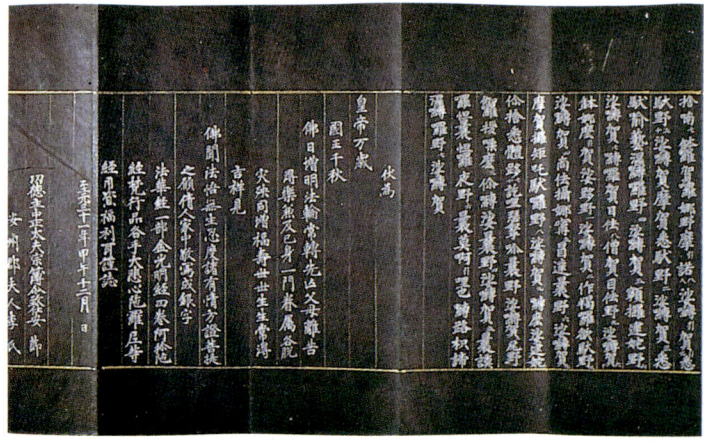

「**묘법연화경**」 충렬왕대의 개인 발원경으로 1294년에 안질이 부모의 명복을 빌고 자신과 가족의 수복을 빌기 위해 사성한 것이다. 모두 앞뒤로 필사하여 4첩으로 제본되었는데 권 7 뒷면에는 「아미타경범행품대비심합부」가 필사되어 있다. 국립중앙박물관 소장.(위, 아래)

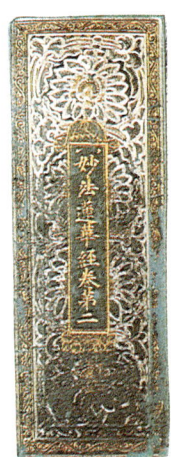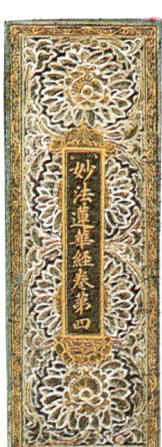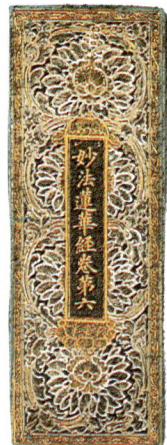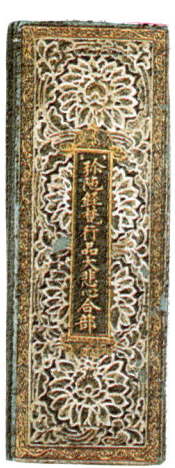

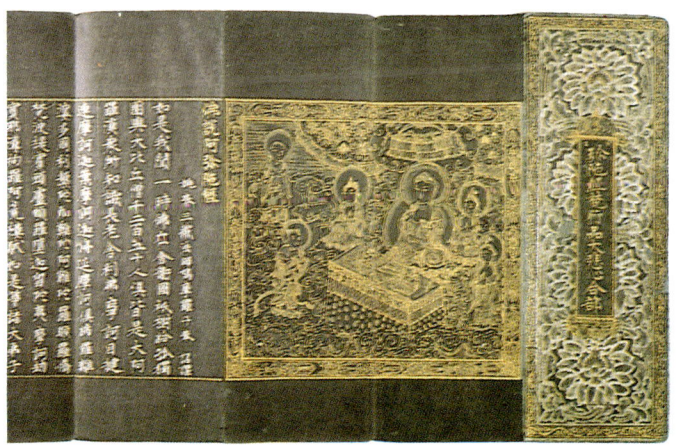

「미 타경범행품대비심합부」 1294년에 안절이 사성한 「묘법연화경」 권 7 뒷면에 필사된
것이다. 감지에 은니로 썼고, 변상도와 경 이름 등은 금니로 하였다. 국립중앙박물관
소장.

65쪽 사진 이야선불화(寧仁君 李也先不花)가 감지에 금니로 쓴「대방광불화엄경」'보현행원품'(국보 235호)이 호암미술관에 전래되고 있는데, 이 사경은 일문권속(一門眷屬)의 재앙을 없게 하고 수복을 빌기 위해 발원한 사경이었다. 발원문에 의하면 이 경말고도「금강경」「장수경(長壽經)」「미타경(彌陀經)」「부모은중경(父母恩重經)」「법화경」'보문품'을 함께 썼음을 알 수 있다. 특히 변상도 뒷면에 "행원품 변상 문경서(行願品變相文卿書)"라고 변상도 작가가 밝혀져 있어 품위가 한결 돋보이는 사경이다.

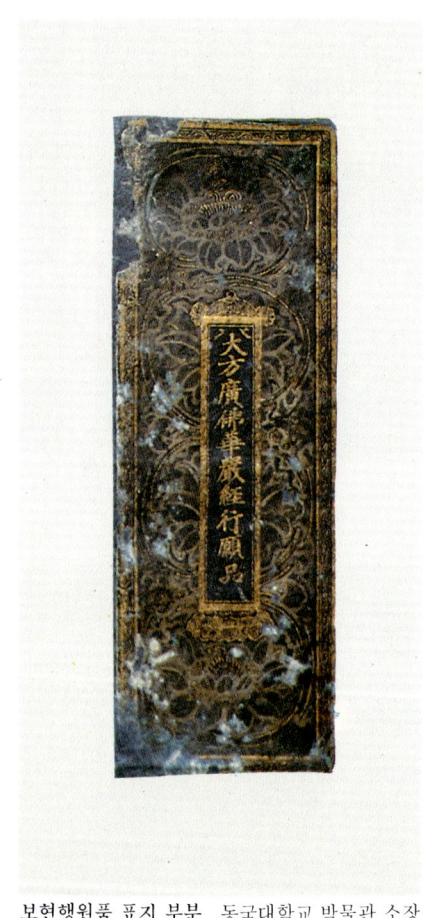

보현행원품 표지 부분 동국대학교 박물관 소장.

충숙왕은 재위 기간(1314～1330년)이 길었던 탓도 있겠지만 아무튼 이 당시의 사경이 가장 많이 남아 있다. 1315년에 자선대부 전서원사겸 궁정사관정(資善大夫典瑞院使兼宮正司官正)으로 있던 신광군 신당주(神光君 申當住)가 발원한 감지에 금자로 쓴「묘법연화경」이 일본에 전래되고 있다. 이 사경에는「법화경」'약왕보살본사품'에 "법화경을 듣거나, 제가 쓰거나 사람을 시켜 쓰게 하면 그

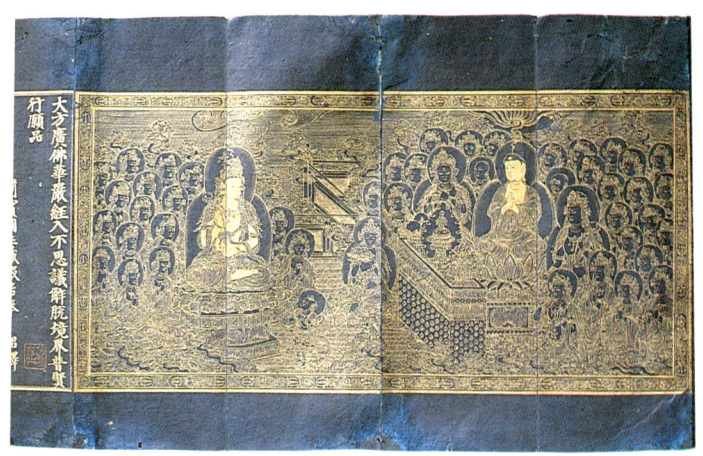

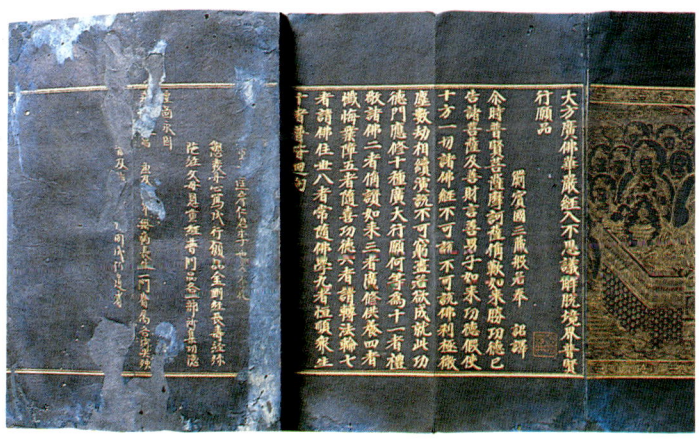

「대방광불화엄경」보현행원품 삼중대광이라는 정일품 벼슬에 있던 영인군 이야선불화
가 사성한 감지에 금니로 쓴 것이다. 이 경은 일문 권속의 재앙을 없게 하고 수복을
빌기 위해 발원한 것이었다. 국보 235호. 호암미술관 소장.(위, 아래)

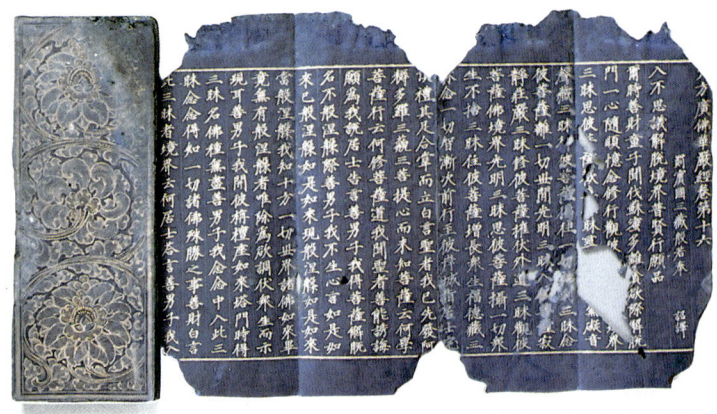

「대방광불화엄경」권 16 1324년에 인형이 발원하여 감지에 은니로 쓴 것이다. 정원본
(貞元本) 「화엄경」이다. 동국대학교 박물관 소장.

얻는 공덕이 부처님의 지혜로도 계산할 수 없을 만큼 많다"는 내용
을 적고 사람을 시켜 사성한다고 하였다. 이렇게 당시 사경은 경전
에 실린 공덕에 관한 내용이 밑받침되어 성행했음을 알 수 있다.

　　그리고 1318년에 만년(萬年)이라는 여인이 발원한 감지에 은니로
쓴 「묘법연화경」권 3이 연세대학교에 소장되어 있는 것을 비롯하
여, 동국대학교에 1324년 인형(仁詗)이 발원하여 감지에 은니로
쓴 「대방광불화엄경」주본(周本) 권 12, 16, 40과 정원본(貞元本)
권 16이 있다. 당시 상호군(上護君)을 지낸 최유윤(崔有倫)이 발원
하여 감지에 은니로 쓴 「묘법연화경」은 자신의 수복을 빌기 위해
사람을 시켜 필사한 사경인데 1422년부터 일본 우하사(羽賀寺)에서
소장하고 있다. 그리고 1330년에 홍산군 호장 이신기(鴻山君 戶長
李臣起)가 발원한 감지에 은니로 쓴 「묘법연화경」은 살아계신 아버
지가 오래 살고 돌아가신 어머니의 명복을 빌기 위한 것이었다.
현재 국보 234호로 지정되어 호암미술관에서 소장하고 있다.

67쪽 사진

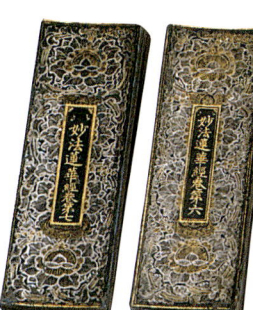
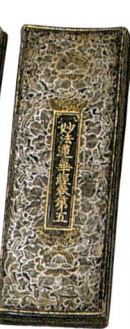
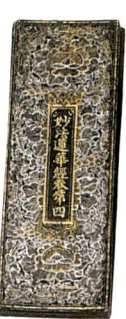
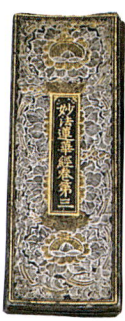
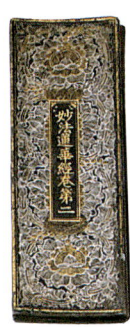
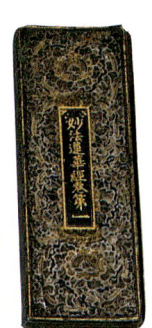

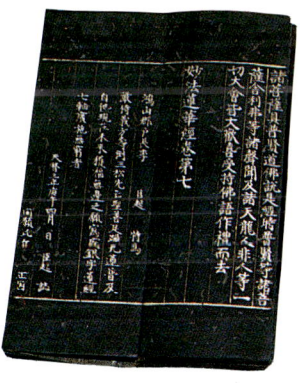
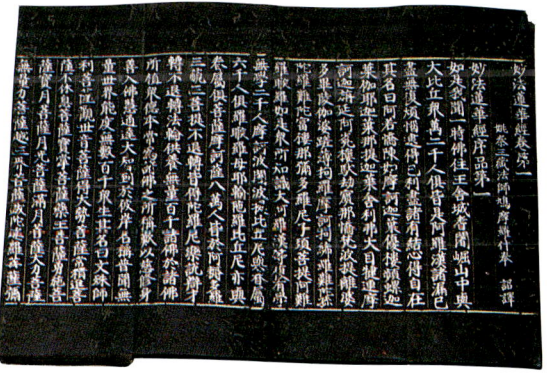

「묘법연화경」 1330년에 홍산군 호장 이신기가 발원한 감지에 은니로 쓴 것이다. 이
경은 살아계신 아버지가 오래 살고 돌아가신 어머니의 명복을 빌기 위한 것이다.
국보 234호. 호암미술관 소장. (위, 아래)

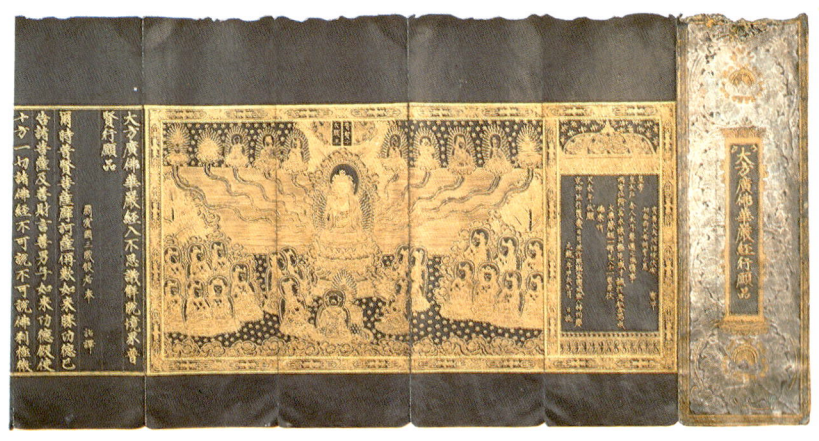

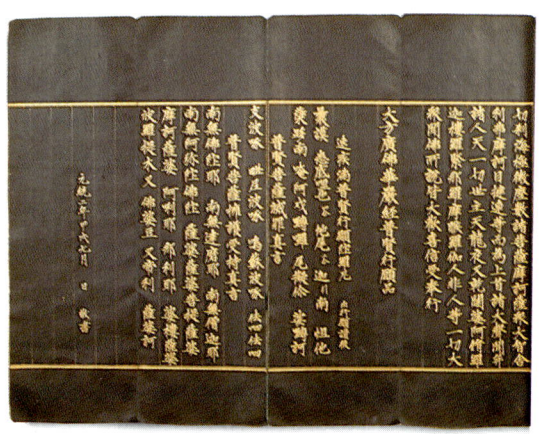

「대방광불화엄경」'행원품' 1334년 안세한이 부모의 은혜와 공덕을 생각하여 발원한 감지에 은니로 쓴 것이다. 보물 752호. 호림박물관 소장.

충숙왕 복위 때의 사경으로는 1332년 현철(玄哲)이 주관하여 오계유(吳季儒) 등의 시주로 감지에 은니로 쓴 「묘법연화경」이 일본에 전래되고 있다. 1334년 안세한(安實罕)이 부모의 은혜와 공덕

(訓育恩功)을 생각하여 발원한 감지에 은니로 쓴 '보현행원품'(보물 69쪽 사진
752호)이 호림박물관에 소장되어 있다. 그리고 1336년 기림사 주지
대선사 선지(祈林寺 住持大禪師 善之)가 전밀직부사상호군 임서
(前密直副使上護軍 任瑞)와 함께 발원한 감지에 은니로 쓴「대방광
불화엄경」권말 60이 일본 신호 복상사(神戶福祥寺)에 소장되어
있고, 1337년 최안도(崔安道)가 부인과 함께 이고 득락(離苦得樂) 70쪽, 71쪽 위 사진
을 기원하고 자기들의 수복을 빌기 위해 감지에 은니로 쓴「대방광
불화엄경」권 31(국보 215호)과 같은 경 권 34(보물 751호)는
호암미술관과 호림박물관에 각각 소장되어 있다.

충혜왕 때의 사경으로는 1340년에 식영사문 연감(息影沙門 淵
鑑)이 발원하고 중대광 유성길(重大匡 劉成吉) 등의 시주로 이루어
진 감지에 금니로 쓴「묘법연화경」이 일본 좌하현립박물관(佐賀縣
立博物館)에 소장되어 있고, 1341년에 총고(聰古)가 어머니의 수복
을 위해서 이룩한 감지에 금니로 쓴「불설아미타경」이 영국 알버트
빅토리아박물관에 소장되어 전하고 있다.

충목왕 때의 것으로는 1345년에 천운(天雲)에 의해서 이루어진
백지에 먹으로 쓴「묘법연화경」이 일본에 있다.

충정왕 때는 1350년에 연안군 부인 이씨(延安君夫人 李氏)가 71쪽 아래 사진
돌아가신 남편과 친정 부모의 명복을 빌기 위해서 시주하여 이루어
진 감지에 금니로 쓴「대방광불화엄경」은 권말에 의상(義相)의 일승
발원문(一乘發願文)이 수록되어 있는데, 현재 국립중앙박물관에
소장되어 있다. 또 1351년에 최준(崔濬)이 시주하여 이룩한 감지에
금니로 쓴「금강반야바라밀경」이 일본에 전래되고 있다.

공민왕(恭愍王) 때의 사경으로는 1353년에 정순대부 숙옹부우사
박윤규(正順大夫肅雍府右司 朴允珪)와 김성(金成)에 의해서 이룩된
감지에 은니로 쓴「묘법연화경」이 일본에 전래되고, 1356년 해인사
주지대사 신총(海印寺 住持大師 信聰)이 주관하여 성산전직강 이방

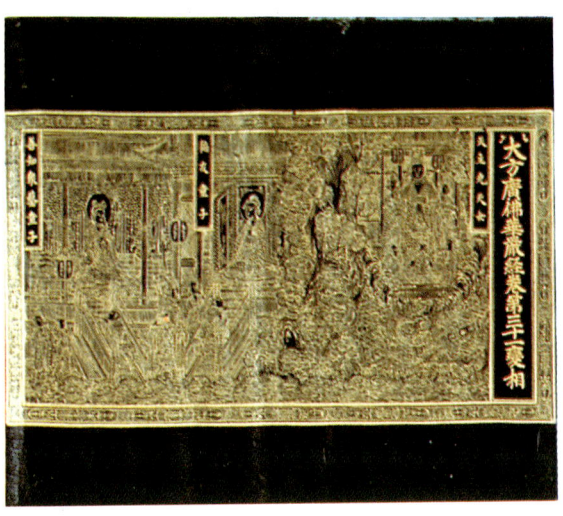

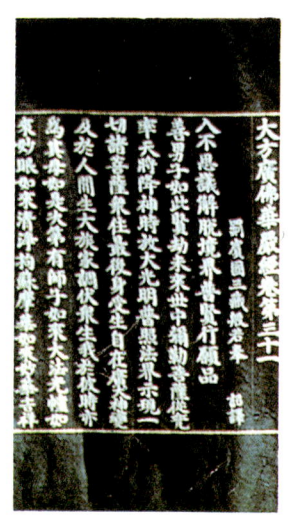

「대방광불화엄경」권 31 1337년 최안도가 부인과 함께 수복을 빌기 위해 감지에 은니로 쓴 것이다. 국보 215호. 호암미술관 소장.(위, 아래)

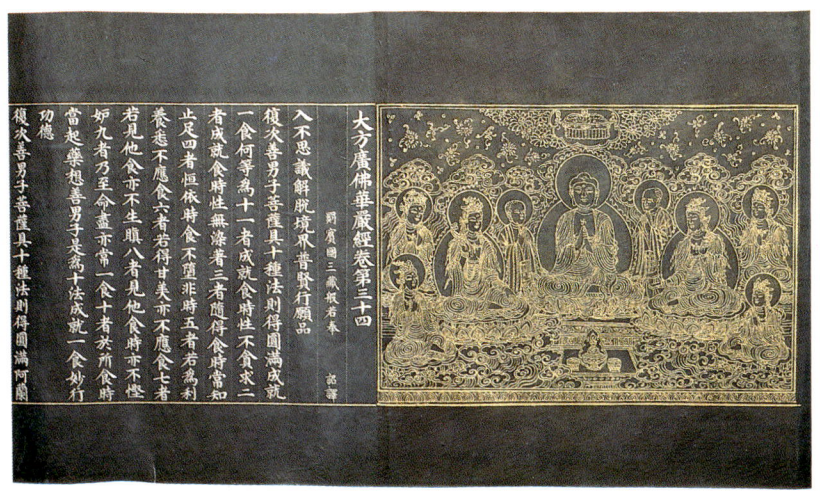

「대방광불화엄경」권 34 보물 751호. 호림박물관 소장.

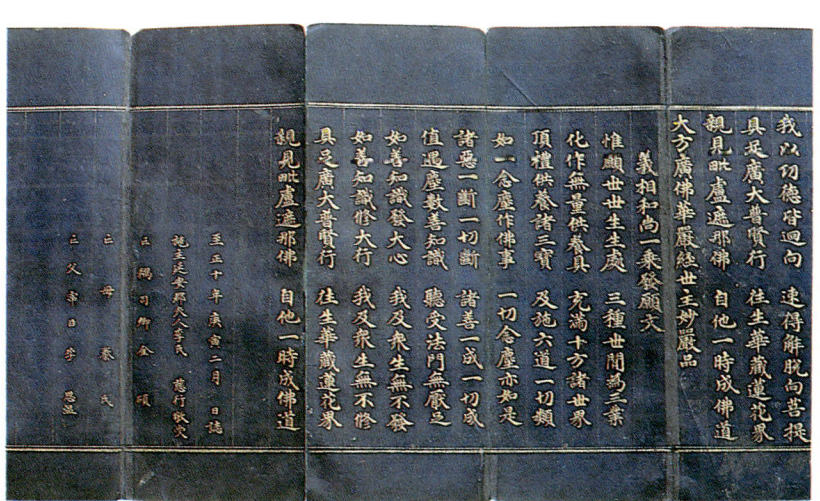

「대방광불화엄경」 1350년에 연안군 부인 이씨가 남편과 친정 부모의 명복을 빌기 위해 시주하여 이루어진 사경으로 감지에 금니로 쓴 것이다. 권말에 의상의 일승발원문이 수록되어 있다. 국립중앙박물관 소장.

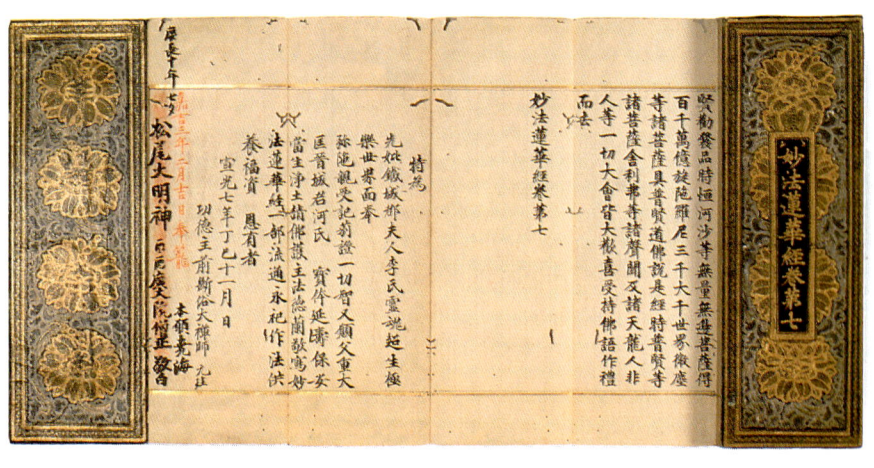

「묘법연화경」 우왕 때 사경으로 1377년에 원규가 돌아가신 어머니 철성군 부인 이씨의 명복과 아버지의 수복을 빌기 위해 백지에 먹으로 쓴 것이다. 국보 211호. 호림박물관 소장.(위)
1385년에 상우의 발원으로 이루어진 백지에 먹으로 쓴 것이다. 국립중앙박물관 소장.(옆면)

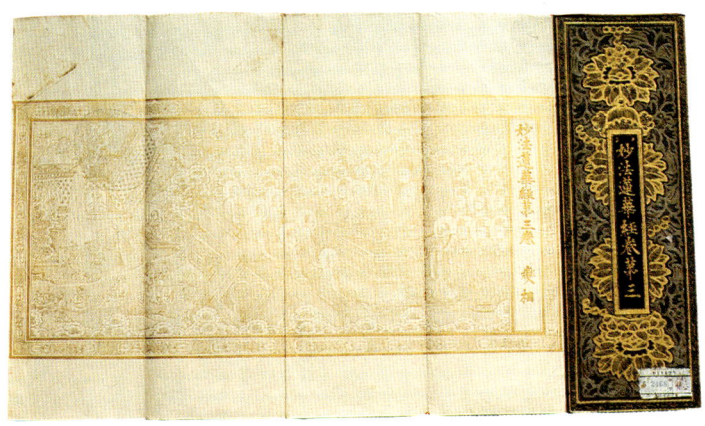

한(星山前直講 李邦翰)의 돌아가신 어머니를 위해서 발원하여 이루어진 마지에 은니로 쓴 「수능엄경(首楞嚴經)」이 보물 271호로 지정되어 경북대학교 박물관에 소장되어 있다. 그리고 1357년 최적(崔迪), 일장(一莊), 김청(金淸), 계심(戒心) 등이 계형(戒珩)에게 시주하기 위해 상지에 금니로 쓴 「대방광원각수다라요의경(大方廣圓覺修多羅了義經)」(보물 753호)이 호림박물관에 소장되어 있다. 1367년 봉선대부 전흥위위 정용호군(奉善大夫前興偉衛精勇護軍) 박광미(朴光美) 부부의 시주로 이룩된 백지에 금니로 쓴 「금강반야바라밀경」이 일본에 소장되어 있고, 1373년 봉상대부 지옥주사(奉尙大夫知沃州事) 허칠정(許七靖)에 의해 이룩된 상지에 은니로 쓴 「묘법연화경」(국보 185호)이 국립중앙박물관에 소장되어 있다. 74쪽 사진

우왕 때 사경으로는 1377년에 전단속대선사(前斷俗大禪師) 원규(元珪)가 돌아가신 어머니 철성군 부인 이씨(鐵城君夫人 李氏)의 명복과 아버지의 수복을 빌기 위해 이룩한 백지에 먹으로 쓴 「묘법연화경」(국보 211호)이 호림박물관에 소장되어 있다. 1385년 상우(尙愚)의 발원으로 이루어진 백지에 먹으로 쓴 「묘법연화경」이 국립 72쪽 사진

73쪽 사진

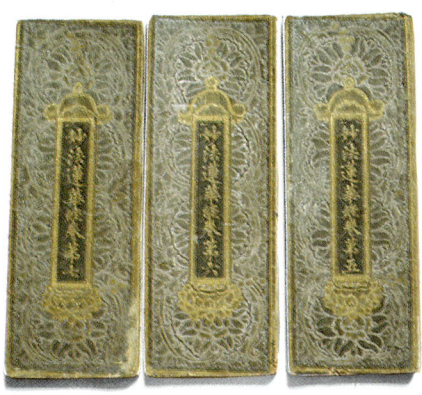

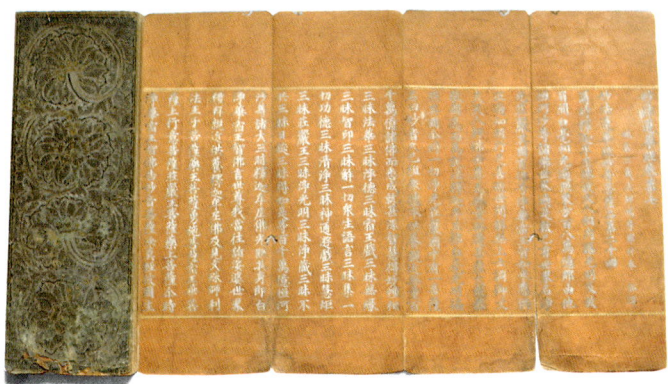

「**묘법연화경**」 1373년 봉상대부 지옥주사 허칠정에 의해 이룩된 상지에 은니로 쓴
것이다. 국보 185호. 국립중앙박물관 소장.(위, 아래)

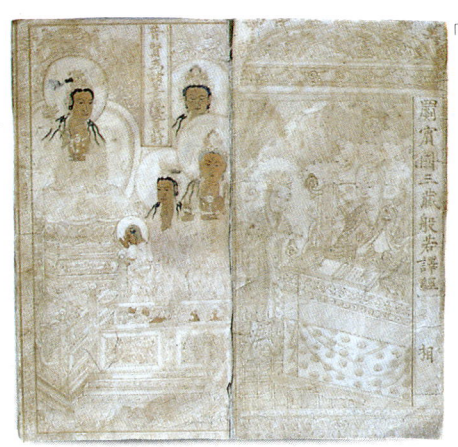

「화엄경」'보현행원품' 1390년에 희순 고산이 판서 강우춘과 시주들의 도움으로 백지에 금니로 사성한 것이다. 동국대학교 박물관 소장.

중앙박물관에 있고, 1386년 죽산군 부인 김씨(竹山君夫人 金氏)와 정숙댁주 송씨(貞淑宅主 宋氏) 및 전 봉익대부 예판서 신윤공(前奉翊大夫 禮判書 申允恭) 등의 시주로 이루어진 감지에 은니로 쓴 「묘법연화경」이 이화여대 박물관에 소장되어 있다. 또 1388년에 봉익대부 공판서 노유린(奉翊大夫 工判書 盧有麟)의 시주로 이루어진 감지에 은니로 쓴 「묘법연화경」이 국립중앙박물관에 소장되어 있다.

이어 창왕 때인 1389년 장묘우(張妙愚)라는 여인이 선세 부모(先世父母)와 일체 중생을 위해 정성껏 백지에 먹으로 필사한 「묘법연화경」(보물 315호)이 안동 광흥사(廣興寺)가 소장했던 것으로 현재 국립경주박물관에 소장되어 있다.

그리고 공양왕 때의 것으로 1390년에 희순 고산(禧順 高山)이 판서 강우춘(姜遇春)과 시주들의 도움으로 백지에 금니로 사성한 「대방광불화엄경」'보현행원품'이 동국대학교 박물관에 소장되어 있다. 이때 「묘법연화경」과 「미륵상·하생경」을 함께 사성하였음을 밝히고 있으나 전래되지 않고 있다.

조선시대

조선시대 초기의 불교는 태조 등 몇몇 임금과 대비나 왕비 등 왕실의 비호 아래에서 맥은 이어 왔으나 배불이라는 정치적인 소용돌이 속에서 종파(宗派)의 통폐합과 사찰의 폐지와 더불어 재산을 몰수하는 등 고려시대 불교계의 면목을 찾아볼 수 없게 되었다.

따라서 이 시대의 사경은 고려시대에 비해서 자연히 그 양이나 질에 있어서 떨어질 수밖에 없었다. 그러므로 오늘날까지 전래되고 있는 사경의 수는 얼마되지 않으며 그 기록마저도 부진한 편이다.

조선을 건국한 태조는 배불 정책을 세웠으나 불교에 대한 개인의 신앙은 어쩔 수 없었던 듯 건국 경축 사업으로 대장경 인경(印經)과 금, 은자 사경을 하게 되었고 연복사탑(演福寺塔)과 해인사탑(海印寺塔)을 중수하는 등 재위 기간뿐 아니라 물러나 상왕(上王)으로 있으면서도 불사를 계속하였다.

77쪽 사진　　태조 때의 사경으로는 백지에 먹으로 쓴 「대방광불화엄경」 권 67, 68이 일본 교토박물관에 소장되어 있다. 이 사경의 권수제(卷首題) 아래에 "대화녕국 장(大和寧國藏)"이라는 글귀가 있다. 그런데 대화녕국은 태조 당시에 사용한 임시 국호(國號)이므로 비록 먹으로

「대방광불화엄경」권 67 태조 때의 사경으로 백지에 먹으로 쓴 것이다. 일본 교토박물관 소장.

쓴 사경이기는 하나 건국을 경축하기 위해서 쓴 사경 가운데 하나가 아닌가 생각된다. 그리고 태조 6년(1397)에 감지에 금니로 쓴 「범본성관자재대비총지공능의경록(梵本聖觀自在大悲摠持功能依經綠)」을 일본에 있는 개인이 소장하고 있다.

태종 때 사경으로는 태조 셋째 아들로 2차 왕자난 때 방원(芳遠 ; 후에 태종)을 도와 정사공신(定社功臣)이 된 익안대군 방의(益安大君 芳毅 ; ?~1404)가 그의 부인과 함께 시주히여 감지에 은니로 쓴 「묘법연화경」권 5가 현재 국립중앙박물관에 보관되어 있어 고려시대 사경 기법이 그대로 전래되었음을 알 수 있다. 태종은 종파를 통폐합하여 7개 종으로 하고 사찰을 242개 사찰만 남기고 모두 폐지하여 그 재산을 몰수하는 등 불교 탄압에 강경책을 썼던 왕이다. 그러나 뿌리 깊게 내려온 불교 신앙은 어쩔 수 없었던 듯 1408년에 아버지인 태조 이성계가 돌아가시자 명복을 빌기 위해 장의사(藏義寺)에 참경 법석(懺經法席)을 베풀고 서천군 한상경(西川君 韓尙敬)과 형조참의 윤규(刑曹參議 尹珪) 등에게 명령하여 「묘법연화경」을 쓰게 하였다. 그리고 같은 해 11월에는 상왕으로

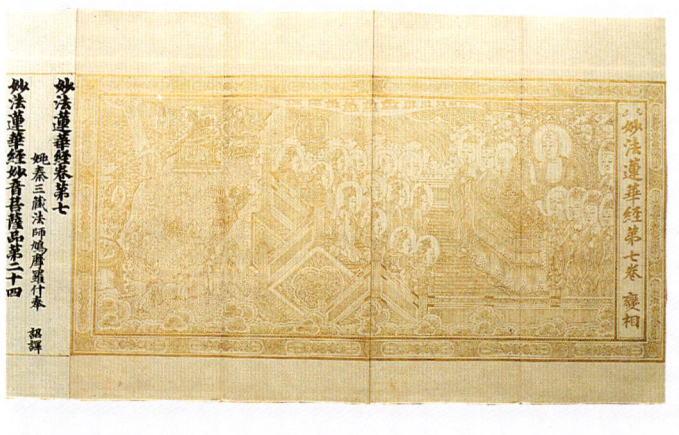

「묘법연화경」 태종 15년(1415)에 백지에 먹으로 쓴 것이다. 이 사경은 이씨가 남편 유근의 상을 당하게 되자 고인의 명복을 빌기 위해 필사한 것인데 정성껏 필사한 본문 글씨와 권별 변상도가 금니로 정교하게 묘사되고 있다. 내소사 소장.(위, 아래)

있던 정종(正宗)도 역시 태조의 명복을 빌기 위해「묘법연화경」
「부모은중경」「장수멸죄경(長壽滅罪經)」을 금니로 사성하였다. 이와
같이 왕실에서 사경이 이루어지게 되자 개인 발원의 사경도 한동안
속출하였다.

그 예로서 태종 5년(1405)에 신운(信雲)이 부모의 명복을 빌기
위해 한상식(韓尙植)의 부인 윤씨와 여성군 민무질(驪城君 閔無疾)
의 부인 한씨와 함께 발원하여 백지에 먹으로 쓴「묘법연화경」이
서울의 개인이 소장하고 있다. 이때「범망경(梵網經)」「금강반야경」
'행원품'을 함께 사성하였다.

그리고 태종 15년(1415) 백지에 먹으로 쓴「묘법연화경」(보물   78쪽 사진
278호) 전질이 내소사(來蘇寺) 소장으로 전래되고 있다. 이 사경은
이씨가 남편 유근(柳謹)의 상(喪)을 당하게 되자 고인의 명복을
빌기 위해 필사한 것인데 정성껏 필사한 본문 글씨와 권별(卷別)
변상도가 금니로 정교하게 묘사되고 있으며 표지는 금, 은니로 보상
당초문으로 장엄되어 있다. 뿐만 아니라 각 권별로 포갑(包匣)을   80쪽 사진
갖추고 있는데 포갑 안에는 경전을 보호하기 위해서 금, 은 색실로
보상당초문을 새긴 수보(繡褓)까지 마련되어 있는 조선 초기의 개인   81쪽 사진
발원경으로 일품이다.

세종은 즉위 2년(1420)에 직제학 성개(直提學 成槩) 등을 시켜
금으로「묘법연화경」을 쓰게 하였다. 이는 어머니인 원경왕후(元敬
王后)가 생전에 일찍 죽은 성녕대군(誠寧大君)을 천도하기 위해
사경을 하려다가 이루지 못하고 돌아가니 고인의 뜻을 이루어 위로
하기 위함이었다. 이 당시는 대비의 신분으로도 사경을 할 수가
없었던 것이다.

이어 세종 4년(1422)에 신녕궁주 신씨(愼寧宮主 辛氏)가 태종이
돌아가시자 고인의 명복을 빌기 위해 간절히 요청하니 총제 성달생
(摠制 成達生)과 집현전부제학 신색(集賢殿副提學 申穡) 등을 불러

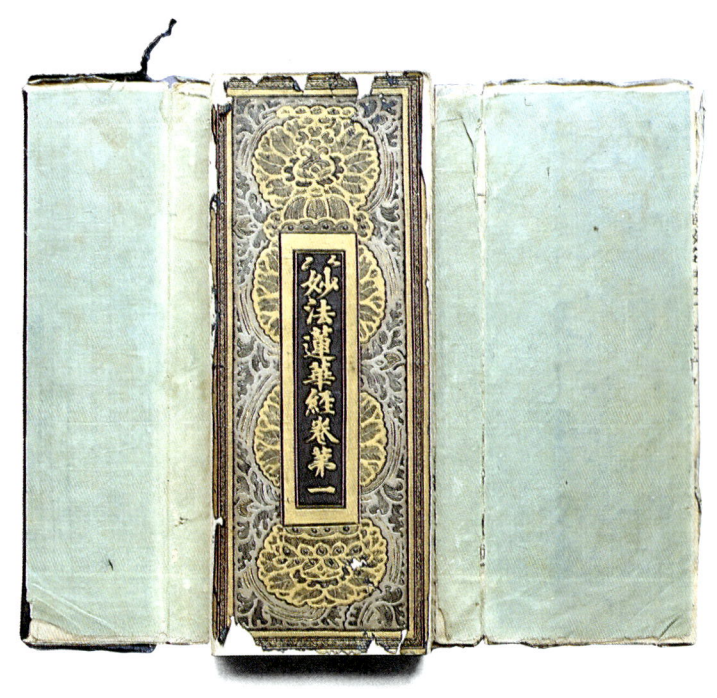

포갑 내소사 소장의 「묘법연화경」은 표지가 금, 은니를 사용하여 보상당초문으로
장엄되어 있고 각 권별로 포갑을 갖추고 있다.

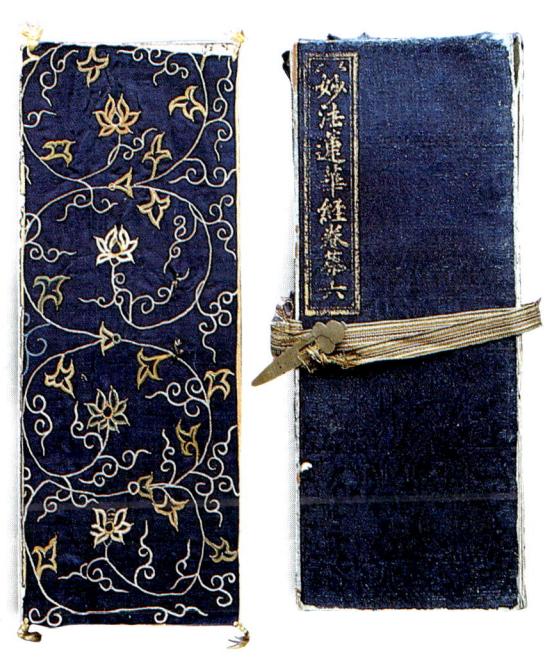

수보 내소사 소장 「묘법연화경」 포갑 안에는 경전을 보호하기 위해서 금, 은 색실로
보상당초문을 새긴 수보까지 마련되어 있다.

금자로 「묘법연화경」을 쓰게 하였다. 이렇게 부모의 명복을 빌기 위해서 부득이 사경한 것이지 세종 자신이 불교에 대한 이해나 신앙에 의해서 한 것은 아니었다. 이러한 것은 세종 6년(1424)에 태종 때의 7개 종(宗)을 2개 종으로 하고, 사찰 242개를 36개로 줄이는 등 불교를 탄압하였던 것에서도 잘 드러나고 있다.

세종 7년(1425)에는 사헌부장령 유사근(司憲府掌令 柳士根)을 불러 죽은 판부사 이화영(判府事 李和英)의 아내 동씨(童氏)가 절에 가서 남편의 명복을 빌기 위해 법석(法席)을 베푼 일을 탓하지 말라고 하였다. 세종은 이렇게 고인의 명복을 비는 불사에는 이해가 있었다. 그러나 동씨를 제외한 법석을 주관한 승려와 사경한 성준(性濬)과 신생(信生)을 비롯하여 신의군 인(愼宜君 仁)과 개성군 등(開城君 登)을 탄핵하고 체형에 처하고 물품을 모두 몰수하였다. 이것은 법석을 베푼 일과 금, 은을 녹여 「법화경」을 베껴서 닷새 동안 읽었고 또한 이런 일을 보고하지 않았다는 죄목이었다.

이러한 상황이었기 때문에 일반 사찰에서나 개인은 사경할 엄두도 못 냈다. 그러나 친형(親兄)인 효령대군(孝寧大君)이 중심이 된 숭불은 제지할 수가 없었다. 그리고 세종이 즉위한 뒤로 가뭄의 재앙이 잇따르자 기우(祈雨)가 행해지고 왕실이나 종친(宗親)의 구병(求病)을 위한 수륙재(水陸齋) 등은 모두 절박한 사정으로 행하는 것이기 때문에 누가 이의(異議)를 제기할 수 없었다. 이렇게 왕실에서의 비호 아래서만 불사가 조금씩 이루어질 수 있었다.

세종은 집권 초기에는 철저한 배불론자였으나 후반기에 들어오면서 차츰 숭불로 기울어졌다. 이런 분위기에서 다시 금, 은자의 사경이 이루어지고 있었던 듯 세종 23년(1441) 12월에 의정부에서 상서한 것을 보면 "금자경도 몇 만 권이 되는지 알지 못하는데…지금 불상과 경전을 만드는 자가 날마다 불어 그치지 않으므로 만약 엄하게 금하지 않으면 금이 장차 없어져 남음이 없게 될 것이다"

하였다. 여기서 몇 만 권의 금자경은 고려시대 사경을 가리키는
것이나 이 당시 억불의 기운이 사라지게 되자 고려시대부터 내려
온 사경 신앙이 조금씩 되살아났음을 의미한다. 그러나 이 상서를
계기로 금, 은의 사용 금지령을 내리게 된다.

그러던 가운데 세종 28년(1446) 3월에 소헌왕후 심씨(照憲王后
沈氏)가 돌아가시자 집현전수찬 이영서(集賢殿修撰 李永瑞)와 돈녕
부주부 강희안(敦寧府主簿 姜希顔) 등에게 금으로 사경하게 하였
다. 사경지는 조지소(造紙所)에서 만들게 하였는데 품질이 표전지
(表箋紙)보다 나아서 공력이 어렵고 비용이 많이 들었다고 한다.
이때 수양과 안평 등 두 대군이 왕래하면서 감독하였는데 표지는
모두 황금을 사용하여 용을 그리게 하는 등 매우 정교하고 호화롭게
제작하였다. 이 일이 있자 조정에서는 계속 반대 상소가 잇따르게
되었으나 세종은 상소의 부당함을 들어 좌천시킨 일도 있을 정도로
불교에 심취하게 된다. 이러한 때이므로 강원도 관찰사로부터 고종
때 지의주사(知誼州史)를 지낸 태조의 고조(高祖)인 이안사(李安社:?
~1274)가 쓴 금, 은자 사경이 강원도 삼화사(三和寺)에 소장되어
있다는 보고가 올라오기도 하였다.

세종 말년에는 구병(求病)을 위해서 용문신 상원사(上元寺)에
정효강(鄭孝康)을 보내 수륙재를 열고「불정심다라니경(佛頂心陀羅
尼經)」을 쓰게 하였고 또 부지돈녕(副知敦寧) 강희안과 성균주부
성임(成均主簿 成任)에게 명하여 금으로「아미타경」「관음경」등의
경전을 쓰게 하였다. 이러한 사경말고도 수양대군에게「석보상절
(釋譜詳節)」을 편찬하게 하고 이를 보고「월인천강지곡(月印千江之
曲)」을 짓는 등 불교에 심취하였다.

이 당시의 사경으로 현재까지 전래되고 있는 것으로는 1422년에
비구 덕명(德明)이 전호군(前鎬軍) 이씨, 계림군 부인(雞林郡夫人)
이씨 등의 시주로 상엄(尙嚴)에게 부탁하여 감지에 은니로 쓴「묘법

84쪽 사진

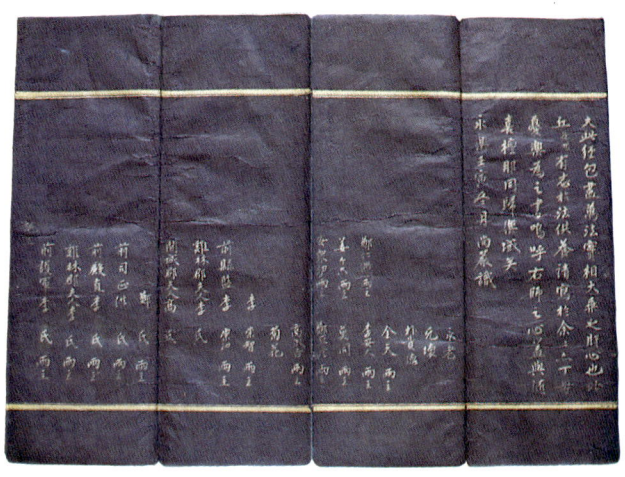

「묘법연화경」 세종 4년(1422)에 비구 덕명이 전호군 이씨, 계림군 부인 이씨 등의
시주로 상엄에게 부탁하여 감지에 은니로 쓴 것이다. 국립중앙박물관 소장.

연화경」 권 1과 7이 국립중앙박물관에 소장되어 있다. 그리고 세종
22년(1440)에 선종 사찰인 현고사(玄高寺) 주지를 역임했던 해연
(海淵)이 백지에 먹으로 쓴 「지장보살본원경(地藏菩薩本願經)」(보물
940호)을 서울의 개인이 소장하고 있다.

　문종 즉위년(1450) 5월에 세종의 후궁 신빈(愼嬪) 김씨가 막내
아들인 담양군 거(潭陽君 璖)의 명복을 빌기 위해 백지에 금니로
쓴 「금강반야바라밀경」이 국립중앙박물관에 전래되고 있다.

　세조는 대군 시절부터 세종의 명에 의해서 「석보상절」을 편찬했
고, 공자와 석가의 도를 논할 때 "석가의 도는 공자보다 나을 뿐
아니라 하늘과 땅과 같다"고 할 만큼 불교를 잘 알고 있었다. 또한
1467년에 거질(巨帙)의 해인사 고려대장경을 50부씩이나 찍어

85쪽 사진

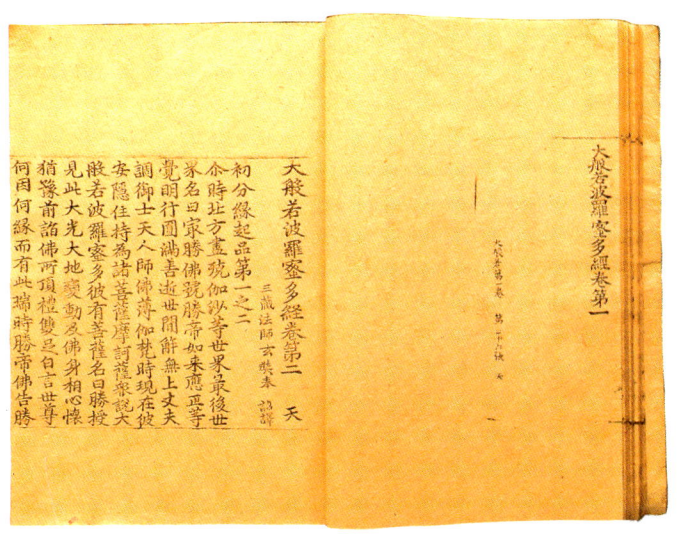

해인사 고려대장경본 「대반야바라밀다경」 세조는 1467년에 해인사 고려대장경을 50부씩이나 찍어 각 사찰에 두루 봉안하게 하였다. 현재 일본 동경 증산사 소장.

각 사찰에 두루 봉안하게 하고 일본과 유구(琉球) 등의 외국에 불교 문화를 전파하기도 하였다. 1461년에는 간경도감(刊經都監)을 설치하여 불경을 국역하여 간행한 조선시대 불교 중흥의 임금이었다.

이 당시의 사경으로는 세조 5년(1459)에 신유(信柔)에 의해 사성된 백지에 먹으로 쓴 「지장보살본원경」(보물 959호)이 기림사에 전래되고 있는데 판하본(版下本)으로 사성된 것 같다. 또 세조 9년 (1463) 선종선사(禪宗禪師) 내호(乃浩)가 백지에 먹으로 필사한 「오대진언(五大眞言)」이 상원사에 전래되고 있다.

예종은 즉위하자 이조판서 성임(吏曹判書 成任), 행상호군 정난종 (行上護軍 鄭蘭宗), 행부제군 조근(行副諸軍 趙瑾), 승문원판교 조안정(承文院判校 趙安貞), 별좌 안혜(別坐 安惠), 판관 이숙생(判官

86쪽 사진

88쪽 사진

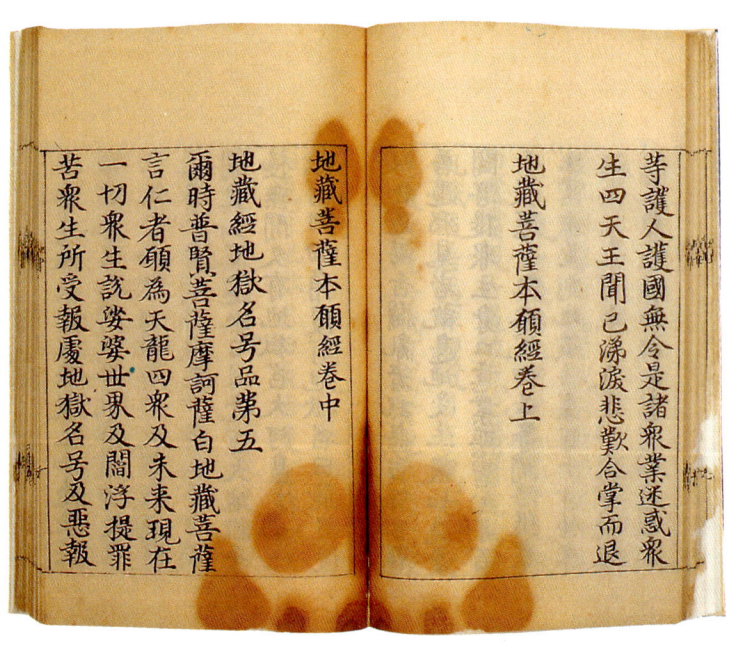

「지장보살본원경」 세조 5년(1459)에 신유에 의해 사성된 백지에 먹으로 쓴 것이다.
이것은 기림사에 전래되고 있는데 판하본(版下本)으로 사성된 것 같다.

李叔生), 승정원주서 박효원(承政院注書 朴孝元), 사정 박경(司正 朴耕), 승 문동(僧 文同) 등에게 명하여 세조의 명복을 빌기 위해 금니로 사경하도록 했다.

그러나 성종이 즉위하고부터 유신들의 끊임없는 상소로 성종 2년에 간경도감이 폐지되었고 덕종의 비인 인수대비(仁粹大妃) 등에 의해서 간경 사업이 계속되었으나 성종, 연산군, 중종을 지나는 동안에 불교계는 심한 박해를 계속 받았다. 그나마 연산군 때에 와서는 인수대비의 죽음으로 왕실의 비호마저 받을 수 없게 되자 도첩제를 없애고 원각사(圓覺寺)도 폐지하는 등 왕실에서의 불사도 자취를 감추게 되었다. 그 뒤 명종이 즉위하자 모후인 문정왕후 (文定王后)가 섭정을 하면서 다시 선교 양종을 부활시켜 불교는 부흥의 기운을 보이다가 문정왕후의 사망으로 중도에서 꺾이고 말았다.

조선조의 사경은 이러한 억불로 인하여 성종 때부터는 눈에 띄게 줄어들게 되었다. 그러나 오랜 신앙 전통을 바꿀 수는 없었던 듯 지방 사찰이 중심이 된 불경 간행은 계속되었으며 사경도 이후 조선 말까지 간간이 이어져 왔다. 이러한 배경은 조선조 후기의 사경이 몇 점 전래되어 이를 말해 주고 있다.

영조 4년(1728)에 비구 법징(法徵)이 감지에 은니로 사경한「대 방광불화엄경」'보현행원품'이 동아대학교 박물관에 전래되어 오고 역시 감지에 금니로 쓴「대방광불화엄경」권 50이 국립중앙박물관 에 전래되고 있다. 그리고 순조 20년(1820)에 금학산 금정암(金井 庵)에서 비구 선준(禪俊)이 감지에 은니로 쓴 '화엄예참(華嚴禮懺)' 이 동국대학교 박물관에 소장되어 있다. 이 밖에 헌종 3년(1837) 에 개인의 시주에 의해서 감색의 명주에 금, 은니를 함께 사용하여 필사한「범망경」이 전래되고 있고 고종 20년(1883)에 금, 은니로 쓴「아미타경」이 개인에게 전래되고 있을 뿐이다.

89쪽 사진

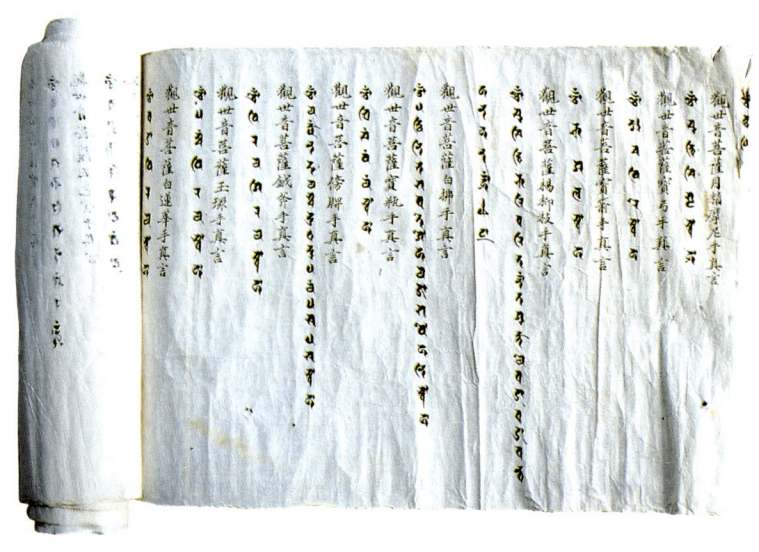

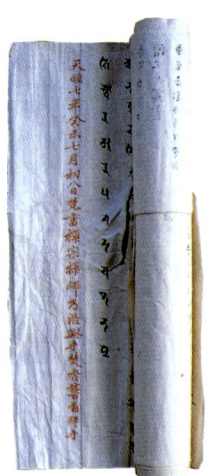

「오대진언」 세조 9년(1463)에 선종선사 내호가 백지에 먹으로 필사한 것이다. 상원사 소장.(위, 아래)

조선조의 사경은 조선조 초기에 몇몇 왕과 왕실이 중심이 된 불사로 성행하기도 했으나 금, 은의 사용 금지와 더불어 배불 정책에 의한 탄압으로 인하여 조선시대의 사경 신앙은 퇴색되었던 것이다. 그러므로 이 시기의 사경은 고려시대에 비해 그 양과 질이 자연히 떨어졌다. 이렇게 하여 오랫동안 이어져 온 불교 신앙의 한 유형으로서 사경이 자취를 감추게 된 것은 조선조 500년 동안의 수난뿐만 아니라 그만큼 불교계의 자생력이 약했던 것이라고 보지 않을 수 없다.

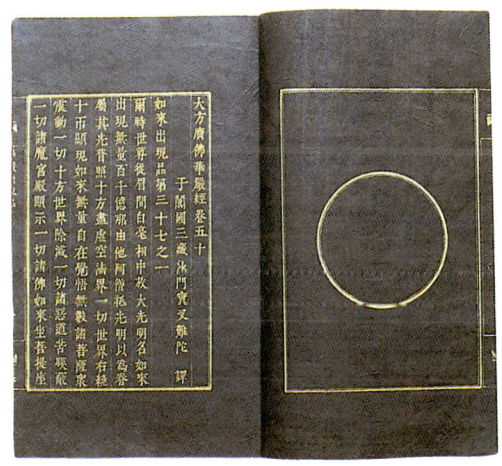

「대방광불화엄경」　조선조의 사경은 억불로 인하여 성종 때부터는 눈에 띄게 줄어들게 되었다. 그러나 지방 사찰이 중심이 된 불경 간행은 계속되었으며 사경도 이후 조선 말끼지 간간이 이어져 왔다. 영조대의 간지에 금니로 쓴 「대방광불화엄경」 권 50이다. 국립중앙박물관 소장.

사경하는 법

마음의 자세

경을 쓰는 일은 경문 한자 한자에 지극한 마음의 자세를 갖지 않으면 안 된다.

'일자삼례(一字三禮)' 곧 한 자를 쓸 때마다 세 번 절하고 썼다는 예가 있듯이 불교 경전을 쓰는 데 얼마나 정성을 기울였는가를 알 수 있다. 이런 자세로 쓰면 마음이 한 곳으로 모아져서 순일화되므로 뜻과 정신이 맑아지게 되고 삼매의 경지에 들어가게 되는 것이다. 그러므로 사경은 그대로 염불이고 참선의 수행이 된다. 이런 자세에서는 글씨의 잘 쓰고 못 쓰는 것에 구애될 필요가 없다. 중요한 것은 마음 자세이다. 마음 자세만 제대로 갖추어지면 당장이라도 시작할 수 있다.

경전은 부처님 말씀이다. 부처님 말씀은 진리이므로 사경을 한다는 것은 진리를 쓴다는 것이다. 경전을 선택하여 사경을 시작하는 일은 보석을 찾아 내어 캐서 주워 담는 일을 시작하는 것이다. 바로 법열(法悅)을 맛보는 신나는 일이 된다. 이렇게 하기 위해서는 조그

마한 정성만 가지면 된다.

흰 종이에 한자씩 써 내려가면 된다. 한자 한자는 개체의 글자이
지만 모두 쓰고 나면 진리의 말씀이다. 흰 종이는 자기의 마음이
다. 이 깨끗한 마음에 진리의 말씀을 새겨 나가는 것이 된다. 진리는
결국 마음에 있는 것이다. 자기 마음의 바탕에 진리를 새겨 나가는
작업이 사경이다. 흰 종이는 극락 세계이다. 이 극락 세계는 진리로
가득 찬 세계이다. 그러므로 사경을 하면 자기 마음을 극락 세계로
만드는 것이 된다.

사경하고 있는 동안 무아의 경지에서 모든 신경을 붓끝에 집중하
도록 해야 한다. 조용한 마음으로 잡된 생각 모두 잊고 쓰노라면
마음은 저절로 청정하게 된다.

대상 경전

사경할 자세가 가다듬어지면 먼저 사경할 대상 경전을 선택해야
된다. 어떤 경전을 선택할까는 스님과 의논하는 것이 좋은데 저음에
는 「반야심경」이나 '법성게' 같은 짧은 것부터 시작하면 좋을 것이
다. 그리고 차츰 「금강경」 「부모은중경」 「아미타경」 등 단권(單卷)
짜리 경전에서 「묘법연화경」(7권) 같은 부피가 많은 경전으로 옮겨
가는 것이 좋을 것이다. 처음에는 뜻이 이해가 가지 않더라도 계속
하면 혜(慧)가 맑아져 자연히 알게 된다. 대상 경전은 한문으로
된 것도 좋고 번역본도 좋다고 생각된다. 우리나라에서 널리 유통된
경전의 내용을 요약해 보면 다음과 같다.

금강반야바라밀경(金剛般若陀羅蜜經)
전 1권으로 후진(後秦)의 구마라습이 한역하였다. 줄여서 「금강반

야경」 또는 「금강경」이라 한다.

　부처님의 제자 가운데 해공(解空) 제일인 수보리(須菩提)가 "아누
다라삼막삼보리의 마음을 낸 이는 어떻게 머물며 어떻게 그 마음을
항복시킬 것인가"라며 묻자, 부처님이 이를 발단으로 하여 일체법
무아(無我)의 이치를 말씀한 경전이다. 인간이 모든 고통에서 헤어
나지 못하는 까닭은 너무 지나치게 '나(我)'에 집착하고 분별하기
때문이니 이 집착과 분별을 끊고 반야 지혜를 얻어 생사 윤회에서
벗어나게 하려는 것이 이 경의 주안점이다. 그러나 이처럼 공(空)
사상을 밝히면서도 공(空)자가 한 자도 보이지 않는 것이 특징이기
도 하다.

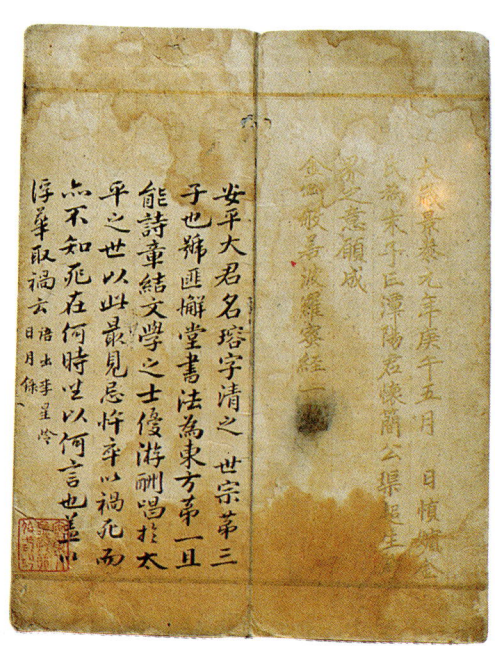

「금강반야바라밀경」

"마땅히 머무는 바 없이 그 마음을 내라(應無所住而生其心)""온 갖 모양은 허망한 것이니 만약에 모든 모양이 모양이 아닌 줄 알면 바로 부처를 보리라(凡所有相 皆是虛妄 若見諸相非相 即見如來)" "나의 설법이 뗏목과 같음을 아는 이는 법까지도 응당 버려야 할 것이어늘 하물며 법 아닌 것에 있어서랴(知我說法 如筏喻者 法尙應 尙 何呪班法)""과거의 마음도 얻을 수 없고 현재의 마음도 얻을 수 없고 미래의 마음도 얻을 수 없다(過去心不可得 現在心不可得 未來心不可得)" 등은 특히 많은 사람들이 즐겨 인용하고 있는 귀절 이다.

대보부모은중경 (大報父母恩重經)

전 1권으로 후진의 구마라습이 한역한 경전이다. 줄여서 「부모은 중경」이라 한다.

이 경전은 부처님이 제자들과 함께 길을 가다가 한 무더기의 사람 뼈를 보고 예배를 드리자 아난이 이상하게 여겨 부처님께 질문하게 된 것이 경을 설하게 된 동기이다. 곧 부처님이 이름모를 해골이 전생의 조상이거나 여러 대에 걸친 부모일 것이라 하여 드리는 예배 가 이미 부모의 정도 끊어 버리고 출가한 제자들에게는 상당한 충격 이었던 것이다.

아난의 질문에 답하여 부처님은 자신이 잘나서 세상에 태어난 것이 아니라 오늘이 있기까지 부모의 은혜가 어떠했는지 특히 어머 니가 잉태했을 때부터 고생한 것과 낳아서 기르신 은혜가 어떤 것인 지를 구체적으로 열거하고 있다. 또 은혜에 보답하는 것이 얼마나 어려우며 불효가 무엇이며 불효하면 받는 과보가 어떤 것이고 은혜 를 갚으려면 어떻게 해야 하는지를 설하고 있다.

유교의 '효'가 임금과 신하의 관계처럼 절대적이며 권위적인 데 비해서 이 경에서는 강요나 관념적인 사고에서 나오는 것이 아니라 부모의 자애가 무엇인가를 설명해서 불교의 효 사상을 보여 주고 있다. 이 경의 마지막은 최상의 보은 방법을 자식이 출가 수도하여 진리를 찾아 사는 것이라고 제시한다.

아미타경(阿彌陀經)

전 1권으로 후진(後秦)의 구마라습이 한역하였고 줄여서 「미타경」이라 한다.

이 경은 먼저 서방 극락과 이 극락 세계의 교주인 아미타불의 장엄을 설하고 이어서 정토에 태어나는 길은 아미타불의 본원(本願)에 힘입어 칭명 염불(稱名念佛)함에 있음을 밝히고 이와 같은 염불은 모두 부처님들께서 찬탄하고 증명한 바이니 의심해서는 안 된다는 것과 염불의 이익을 말씀한 경전이다.

「무량수경(無量壽經)」「관무량수경(觀無量壽經)」과 함께 '정토

「아미타경」

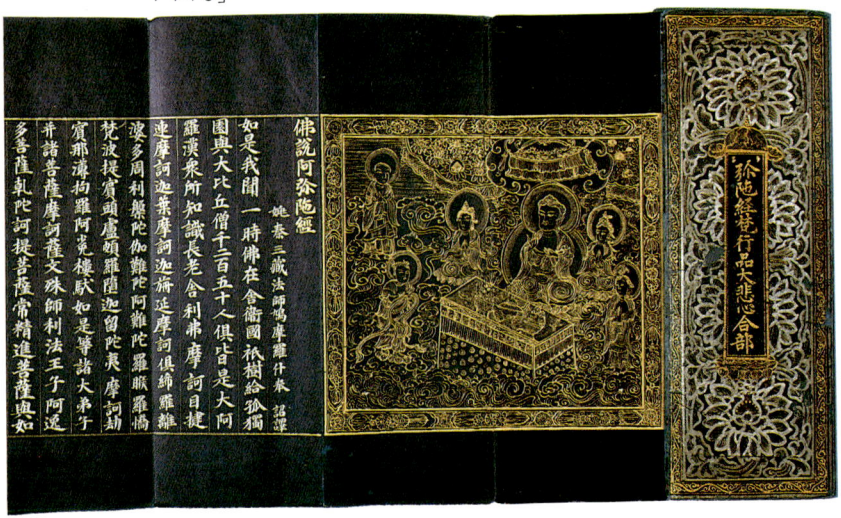

삼부경'이라 부르며 정토종의 소의 경전이다.

묘법연화경(妙法蓮華經)

전 7권으로 후진(後秦)의 구마라습(鳩摩羅什)이 한역한 것이다. 줄여서 「법화경」이라 한다. 석가 세존이 성도한 지 40여 년 이후부터 「열반경」을 말씀하기 직전까지의 시기에, 왕사성의 기사굴산(耆闍堀山)에서 부처님이 이 세상에 출현한 참뜻을 밝힌 경전이다. 경명은 '묘한 법이 마치 연꽃이 물에서 나왔으되 물에 젖지 않는 것'과 같다는 뜻에서 지어진 이름이다.

이 경은 모두 28품으로 이루어져 있는데 앞의 14품은 적문(迹門)이고, 뒤의 14품은 본문(本門)이다. 적문이란 석가모니 불이 가비라성(迦毘羅城)에 태어난 금생(수生)의 자취요, 본문은 아주 오랜 예부터의 실다운 몸 구원실상(久遠實相)을 말하는 것이다.

「묘법연화경」

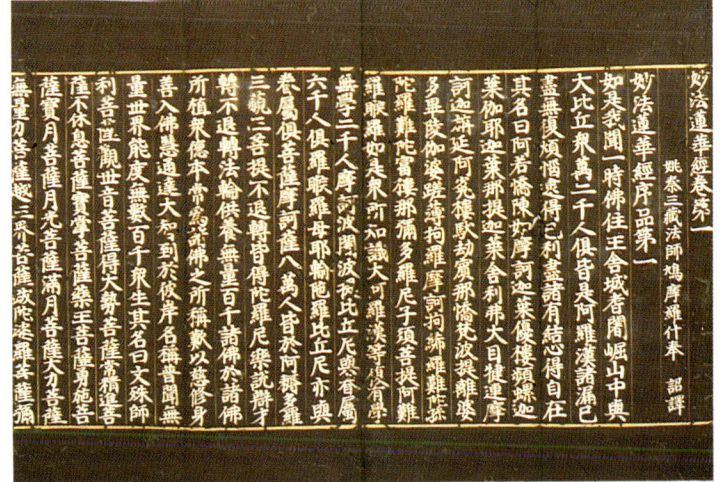

이 경의 대의는 회삼귀일(會三歸一)과 구원성불(久遠成佛)로서 경 전편에 걸쳐 높은 문학성을 지닌 비유적 표현과 주옥 같은 귀중한 교훈이 풍부하여, 모든 불교 경전 가운데 가장 넓은 지역과 많은 사람들에 의해 수지, 애호되었다.

금광명경(金光明經)

전 4권으로 북량(北涼)의 담무참(曇無讖)이 한역한 경이다.

이 경은 19품으로 이루어져 있는데 처음에 신상보살(信相菩薩)을 위하여 부처님 수명이 한량 없음을 말씀하고, 다음에 열반의 깊은 뜻과 법, 보, 화 3신(三身)을 이어서 금고광명(金鼓光明)의 교법과 금광명참법(金光明懺法)의 공덕을, 끝으로 사천왕의 진호국가 및 현세 이익의 신앙을 서술하고 있다.

이 경은 「법화경」「인왕경」과 함께 '호국 삼부경'이라 부르니 사천왕사의 건립이나 금광명 도량의 개설, 천왕문의 배치 등은 모두 이 경전에 근거한 것이다.

대방광원각수다라요의경(大方廣圓覺修多羅了義經)

97쪽 사진

전 1권으로 당(唐)의 불타다라(佛陀多羅)가 한역하였다. 대방광원각수다라요의경의 약칭은 「원각경」이다.

신통대광명장(神通大光明藏)에 들어 삼매(三昧)를 누리는 부처님과 12명의 보살이 문답을 통해 원각 수행(圓覺修行)의 길을 밝힌 경전이니, 문수(文殊)보살은 수행의 인지(因地), 보현(普賢)보살은 수행의 실제, 보안(普眼)은 마음을 쓰는 방편, 금강장(金剛藏)보살은 미혹의 본질, 미륵(彌勒)보살은 윤회의 근본, 청정혜(淸淨慧)보살은 수행의 계위(階位), 위덕자재(威德自在)보살은 관행(觀行), 변음(辯音)보살은 삼관(三觀) 닦는 법, 정제업장(淨諸業障)보살은 사상(四相) 없애는 법, 보각(普覺)보살은 병 여의는 법, 원각(圓覺)보살

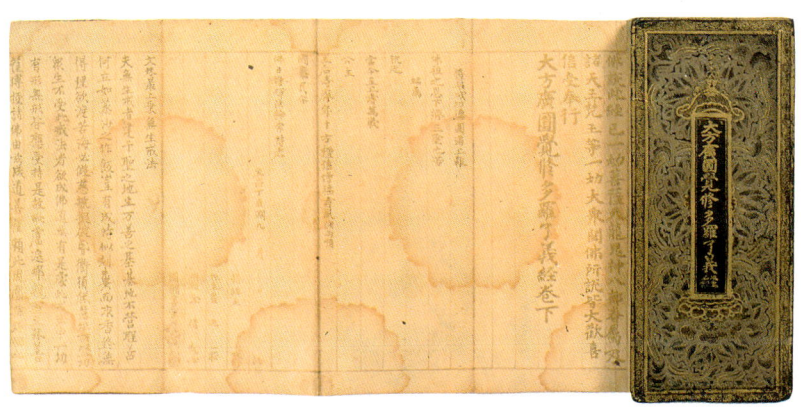

「대방광원각수다라요의경」

은 참회하는 법, 현선수(賢善首)보살은 후세의 일을 각각 차례로 묻고, 부처님이 이 물음에 대하여 자세히 설명하는 형식으로 이루어져 있다.

대불정여래밀인수증요의제보살만행수릉엄경(大佛頂如來密印修證了義諸菩薩萬行首楞嚴經)

전 10권으로 당의 반랄밀제(般剌密諦)가 한역하였다. 이 「대불정여래밀인수증요의제보살만행수릉업엄경」을 줄여서 「대불정수릉엄경」 또는 「대불정경」 「수릉엄경」 「능엄경」 「중인도나란타대도량경(中印度那爛陀大道場經)」이라 한다.

부처님의 제자인 아난(阿難)이 걸식하던 중에 음실(婬室)을 지나다가 환술(幻術)하는 마등가녀(摩登伽女)의 주력(呪力)에 의해 막 계체(戒體)를 훼손하려는 찰나에 부처님이 문수사리를 보내어 신주(神呪)로써 구해 낸 뒤에 아난에게 사마타(奢摩他)와 삼마제(三摩提), 선나(禪那) 그리고 이근원통(耳根圓通)과 오음마(五陰摩)에 대하여 설법한 경전인데, 이 경 전체에 걸친 주안점은 섭심(攝心)에 의하여 진정한 묘심(妙心)을 체득하는 데에 있다.

대방광불화엄경(大方廣佛華嚴經)

이 경은 80권본(당나라 실차난타 역), 60권본(동진의 불타발타라 역), 40권본(당나라 반야 역) 등 3종의 한역본이 있다. 이 가운데 40권본은 80권과 60권에 있는 '입법계품'만 번역한 것이다.

석가 세존이 중인도 마가다국의 보리수 아래서 바른 깨달음을 이룬 지 이칠일(14일) 되던 때에, 그 자리에서 일어나지 않은 채 등각보살(等覺菩薩) 들을 우두머리로 구름처럼 모여든 대중들을 위하여 그 깨달음의 내용을 그대로 표명한 경전이다. 따라서 교화를 받을 대중의 청법(請法)에 의해서 그들에게 알맞는 법문을 설한 경전과는 다르므로, 여느 경전을 '지말법륜(枝末法輪)'이라 하는데 대하여 이 경은 법계(法界)의 성품과 어울리는 '근본법륜(根本法輪)'이라 한다.

이 경은 7처(處)에서 9회(會)에 걸쳐 말씀한 것으로 모두 39품 80권으로 이루어져 있다. 그 대의는 한마디로 '만 법을 몰아 잡아서 마음을 밝히는 것(統萬法明一心)'이다. 경명(經名)은 크고 바르고 넓은 뜻을 가진 법계를 증득한 부처님을 화려한 꽃으로 장엄하였다고 비유한 것이다.

「법화경」과 함께 대승 경전의 쌍벽을 이루고 있는 유명한 경전이며 화엄종의 소의 경전(所依經典)이다.

사경 도구와 방법

대상 경전이 정해지면 필기 도구만 있으면 된다. 어렵게 생각할 필요가 없는 것이다.

종이는 우선 깨끗한 국민학생용 공책이나 방한지 같은 것으로 하고 사경용 공책을 공동으로 개발할 수도 있을 것이다. 펜은 잉크가 잘 나오는 것이면 괜찮다. 사경은 필사 자체의 자세에 있는 것이지 필기 도구나 글씨의 잘 쓰고 못 쓰고에 구애될 필요는 없는 것이다. 사경은 몸과 마음을 깨끗이 하고 정성을 다하여 자기 수행의 과정으로 하면 된다.

그러나 서예를 배웠거나 자신이 있는 사람은 전통적인 방법을 권하고 싶다. 전통적인 방법으로 할 경우에는 종이, 붓, 먹, 벼루의 문방사우를 갖추어야 한다.

종이는 1년생 닥나무 껍질을 재료로 하여 만든 닥종이(楮紙)를 사용한다. 종이의 크기와 두께는 글씨의 크기와 어떻게 제본할 것인

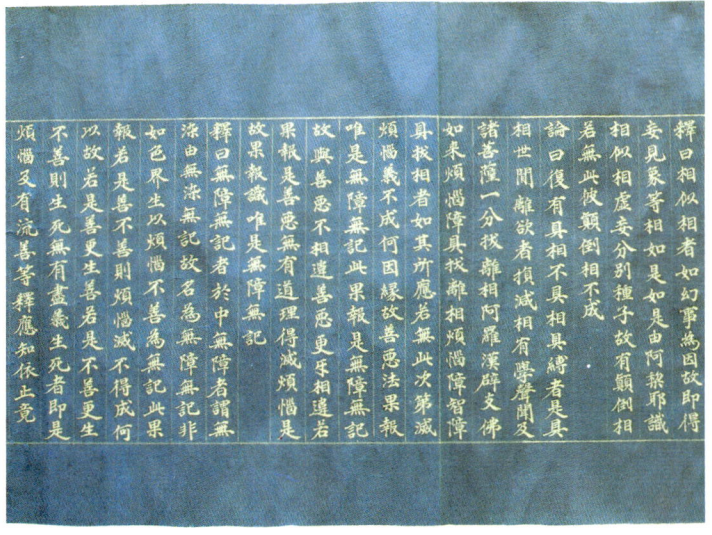

감색의 종이에 쓴 금자경

가에 따라서 다를 수 있다. 대체로 종이의 한 장 크기는 세로 30센티미터, 가로 50센티미터 안팎으로 일정하게 잘라서 사용한다. 종이 두께는 선장본(線裝本)인 경우에는 두꺼울 필요가 없으나 권자본이나 절첩본은 사경할 때 선장본보다 두꺼운 종이(壯紙)를 사용하는 것이 좋다. 특히 절첩본은 종이가 얇으면 보기에 불편하다. 이것이 용이하지 않을 경우에는 얇은 종이로 사용하고 제본할 때 배접해도 될 것이다. 그리고 먹으로 사용할 경우에는 흰 닥종이에 써 내려가면 되나 금, 은니를 사용할 경우에는 금, 은의 색깔이 잘 드러나는 염색된 종이를 사용하도록 한다. 전래된 사경을 보면 감색의 종이가 가장 많이 사용되었다.

103쪽 사진

　붓은 일반 시중에서 사용하는 붓을 사용하면 된다. 대체로 산토끼, 이리, 양털로 만든 붓이 사용되고 있는데 길이가 가지런하고 탄력이 있고 끝이 뾰족하면 된다. 그러나 금, 은니를 사용할 때는 이런 붓으로는 안 되고 족제비나 청설모로 만든 붓이 좋다고 한다.

먹은 모든 색이 함유된 검은색으로 해야 천 년이 가도 색이 변하지 않는다고 한다. 먹은 송연묵(松煙墨)과 인쇄 잉크 원료인 동유(桐油)의 연기로 만든 유연묵(油煙墨) 그리고 이 두 가지를 섞어 만든 유송묵(油松墨)이 있다. 모두 연기로 그을려 그을음을 받아 사슴, 노루, 소 등의 아교와 사향, 주사 등을 섞어 만드는데 입자가 가늘고 아교질이 적은 것이 좋다. 그리고 금, 은니로 필사할 수 있는데 그동안 맥이 끊겼기 때문에 금, 은니의 제작법은 알 수가 없다.

그러나 최근에 사경 제작에 일가를 이루신 성파(性波) 스님에 의하여 다시 재현되고 있다. 그동안 금, 은 가루를 아교풀에 개어서 사용한다고 하였으나 성파 스님에 의하면 시중의 아교풀로 사용한 것은 마르면 갈라지고 떨어져 버리기 때문에 사용할 수 없고 민어 부레로 만드는 어교(魚膠)나 사슴 가죽 밑기름인 녹교(鹿膠)를 사용해야 한다고 한다. 둘 다 기후나 기온에 대해 신축성이 좋기 때문이라 한다.

벼루는 먹이 잘 갈리고 마르지 않는 것을 고르면 된다.

이상의 4가지 문방구가 갖추어지면 써 내려가면 된다. 우선 종이에 위아래 5 내지 7센티미터 정도의 공백을 두고 세로로 결이 비뚤어지지 않게 연필 등으로 줄을 그어서 사용하면 편리하다. 그리고 글자 크기는 개인의 기호에 맞추어 정하고 가로의 행도 적당히 조절하여 정하도록 한다. 이때 절첩본으로 할 경우에는 접을 때를 고려하여 일정하게 맞추어야 한다.

전래 사경을 보면 행수가 24행, 30행, 36행, 42행 등으로 되어 있고, 대부분 1행에 17자씩 배열되어 있다. 왜 17자씩 배열되었는지에 대해서는 통설이 없다. 17은 청정(清浄)의 본유(本有)를 나타낸다는 뜻이 있으나, 고려대장경은 14자씩 배열되어 있고 사찰에서 간행한 판본을 보면 14자에서 34자까지 각양각색이어서 자수(字

數) 배열에는 큰 의미가 없는 것 같다. 그런데 왜 사경에만 17자를 고집했는지 알 수가 없다. 우선 쓰기 쉽고 읽기 쉬운 크기와 글자의 수로 볼 수밖에 없는 것이다. 그러므로 사경할 때 17자를 기본으로 하되 자기 기호에 맞게 적당한 크기의 글자로 필사해도 괜찮다.

사경합시다

불교를 신앙한다는 것은 부처님의 말씀을 알고 실천하는 것이다. 이런 면에서 사경이 가장 효율적인 수행 방법이다. 그러므로 사경은 어디까지나 수행 자체이기 때문에 하루에 30분이나 1시간 정도로 시작하여 매일 끊임없이 사경하는 것이 중요하다. 사경을 시작할 때는 주위를 깨끗이 청소하고 몸을 깨끗이 가다듬고 향불을 피우고 바른 자세로 앉아 잠깐이라도 입정(入定)하고 지난 일을 참회하고 원을 세운 뒤에 한 줄씩 차례로 써 내려가면 된다. 하루에 필사하는 양은 한 줄이라도 좋고 열 줄, 스무 줄이라도 좋다. 한 달이면 「아미타경」이나 「금강경」을 몇 번이라도 쓸 수 있다. 반복하여 필사하는 가운데 자신도 모르게 수행력이 향상될 것이다.

사경은 우선 마음을 평정하지 않으면 글자가 흐트러지게 되기 때문에 자기를 속일 수 없는 수행 방법이다. 그러므로 사경은 산란한 마음을 없애고 통일된 정신 상태를 유지하지 않으면 안 된다. 이런 자세를 계속하면 사경은 일념의 상태로 몰입하게 되는 첩경이 된다. 그리고 사경은 고요한 일념의 상태에 있으나 필사 자체는 움직이는 것이기 때문에 정중동(静中動)의 자세가 되므로, 참선에서 나타나는 혼침 도거가 일어나지 않는 무념무상(無念無想)의 경지에 도달할 수 있는 수행 방법이다.

그리고 사경은 불교 의식 가운데 가장 역사가 오래 되었고 공덕면

摩訶般若波羅蜜多心経

観自在菩薩行深般若波羅蜜多時照見五

蘊皆空度一切苦厄舍利子色不異空空不

異色色即是空空即是色受想行識亦復如

是舍利子是諸法空相不生不滅不垢不浄

不増不減是故空中無色無受想行識無眼

耳鼻舌身意無色声香味触法無眼界乃至

無意識界無無明亦無無明尽乃至無老死

亦無老死尽無苦集滅道無智亦無得以無

所得故菩提薩埵依般若波羅蜜多故心無

罣礙無罣礙故無有恐怖遠離一切顛倒夢

想究竟涅槃三世諸佛依般若波羅蜜多故

得阿耨多羅三藐三菩提故知般若波羅蜜

多是大神呪是大明呪是無上呪是無等等

呪能除一切苦真実不虚故説般若波羅蜜

多呪即説呪曰

羯諦羯諦 波羅羯諦 波羅僧羯諦 菩提薩婆呵

般若心経

「마하반야바라밀다심경」

에서 으뜸가는 신앙 의식으로 각 시대를 내려오면서 성행하였다. 이제 각 사찰에서는 어떤 의식보다도 사경 법회를 실시하도록 하여 역사적인 소용돌이 속에 묻혔던 고유한 신앙 의식을 되살려야 할 것이다.

오늘날 우리 민족은 역사적인 운명 속에서 전래 문화의 단절 속에 살아가고 있다. 그 가운데에서도 사경은 역사적인 불교 핍박의 영향으로 계승되지 못하고 단절의 상태에 있었다. 이제 그동안 잊혀 왔던 사경을 통하여 찬연하게 빛났던 전통적인 신앙 의식을 회복하여 참된 인간의 삶을 향유토록 해야 할 것이다.

참고 문헌

권희경, 「고려 사경의 발원문에 관한 연구」Ⅰ-Ⅲ, 『효성여대논문
　　　　집』, 1985. 9/12.

ㅡㅡㅡ, 「고려 사경의 시대적 배경에 관한 고찰」, 『효성여대전통
　　　　문화연구』1, 1985.

ㅡㅡㅡ, 「동장사 소장의 감지금자『불설미륵성불경』에 관한 일고
　　　　찰」, 『고고미술』165, 1985. 3.

ㅡㅡㅡ, 「일본에 현존하는 고려사경」, 『고고미술』132, 1976. 12.

ㅡㅡㅡ, 「좌하박물관 소장의 고려사경 팔책본법화경에 관한 고
　　　　찰」, 『고고미술』138·139, 1978. 9.

문명대, 「대장도감선원사지의 발견과 고려대장경판의 유래」, 『한
　　　　국학보』, 1976. 여름.

ㅡㅡㅡ, 「신라 화엄경 사경과 그 변상도의 연구」, 『한국학보』14,
　　　　1979.

박상국, 「기림사 비로자나불상 복장경전에 대하여」1~2, 『서지학
　　　　보』1~2, 1990.

신영훈·정명호, 「화엄사 경판 목록」, 『고고미술』6-9, 1965. 9.

ㅡㅡㅡㅡㅡㅡㅡ, 「화엄사 석경 조사정리약보」, 『고고미술』6-9,
　　　　1965. 9.

이은창, 「장곡사의 금동약사좌상복장불경」, 『고고미술』3-2, 1962. 2
　　　　/『신동아』3-11, 동아일보사, 1962. 11.

이은희, 「고려 사경서체에 대한 고찰」, 『불교미술』6, 1981. 9.

이홍식, 「경주 불국사 석가상 발견의 무구정광대다라니경」, 『백산
　　　　학보』4, 1968.

장충식, 「조선시대 사경고」, 『미술사학연구』204, 1994. 12.

조명기, 「고려 감지금니자사경」, 『고고미술』 3-1, 1962. 1.

천혜봉, 「고려 최고의 보협인다라니경」, 『국회도서관보』, 1972. 4.

최순우, 「국보 신라 사경과 그 표장도-화엄경권의 표장도」, 『박물관신문』, 1978. 12.

황수영, 「고려 감지금니대선야경잔권」, 『고고미술』 6-8, 1965. 8.

_____, 「고려 감지금니자사경의 신례」, 『고고미술』 2-11, 1961. 11.

_____, 「고려 국왕발현의 금・은자대장」, 『고고미술』 125, 1975. 3.

_____, 「고려 사경의 연구」, 『고고미술』 180, 1988. 12.

_____, 「고려 사경의 일고찰」, 『한국불교미술사론』, 민족사, 1987.

_____, 「신라 경덕왕대의 백지묵서화엄경」, 『역사학보』 83, 1979.

_____, 「신라 백지묵서화엄경」, 『미술자료』 24, 1976. 6.

_____, 「안성 청원사의 고려사경-고려국왕발현 은자대장」, 『동양학』 5, 단국대학교 부설 동양학연구소, 1975. 6.

_____, 「자경의 역사」, 『불교미술』 7, 1983.

빛깔있는 책들 103-15

사경

글·사진	박상국
발행인	김남석
발행처	주식회사 대원사
편집 이사	김정옥
전 무	정만성
영업 부장	이현석
첫판 1쇄	1990년 9월 29일 발행
재판 1쇄	2011년 05월 30일 발행

주식회사 대원사
우편번호/135-943
서울 강남구 일원동 640-2
전화번호/(02) 757-6717~9
팩시밀리/(02) 775-8043
등록번호/제 3-191호
http://www.daewonsa.co.kr

빛깔있는 책들은 계속 나옵니다.

(世) 값 13,000원

ISBN 89-369-0054-4 00220

건강 식품 (분류번호: 202)

105 민간 요법   181 전통 건강 음료

즐거운 생활 (분류번호: 203)

67 다도	68 서예	69 도예	70 동양란 가꾸기	71 분재
72 수석	73 칵테일	74 인테리어 디자인	75 낚시	76 봄가을 한복
77 겨울 한복	78 여름 한복	79 집 꾸미기	80 방과 부엌 꾸미기	81 거실 꾸미기
82 색지 공예	83 신비의 우주	84 실내 원예	85 오디오	114 관상학
115 수상학	134 애견 기르기	138 한국 춘란 가꾸기	139 사진 입문	172 현대 무용 감상법
179 오페라 감상법	192 연극 감상법	193 발레 감상법	205 쪽물들이기	211 뮤지컬 감상법
213 풍경 사진 입문	223 서양 고전음악 감상법		251 와인	254 전통주
269 커피				

건강 생활 (분류번호: 204)

86 요가	87 볼링	88 골프	89 생활 체조	90 5분 체조
91 기공	92 태극권	133 단전 호흡	162 택견	199 태권도
247 씨름				

한국의 자연 (분류번호: 301)

93 집에서 기르는 야생화		94 약이 되는 야생초	95 약용 식물	96 한국의 동굴
97 한국의 텃새	98 한국의 철새	99 한강	100 한국의 곤충	118 고산 식물
126 한국의 호수	128 민물고기	137 야생 동물	141 북한산	142 지리산
143 한라산	144 설악산	151 한국의 토종개	153 강화도	173 속리산
174 울릉도	175 소나무	182 독도	183 오대산	184 한국의 자생란
186 계룡산	188 쉽게 구할 수 있는 염료 식물		189 한국의 외래·귀화 식물	
190 백두산	197 화석	202 월출산	203 해양 생물	206 한국의 버섯
208 한국의 약수	212 주왕산	217 홍도와 흑산도	218 한국의 갯벌	224 한국의 나비
233 동강	234 대나무	238 한국의 샘물	246 백두고원	256 거문도와 백도
257 거제도				

미술 일반 (분류번호: 401)

130 한국화 감상법	131 서양화 감상법	146 문자도	148 추상화 감상법	160 중국화 감상법
161 행위 예술 감상법	163 민화 그리기	170 설치 미술 감상법	185 판화 감상법	
191 근대 수묵 채색화 감상법		194 옛 그림 감상법	196 근대 유화 감상법	204 무대 미술 감상법
228 서예 감상법	231 일본화 감상법	242 사군자 감상법	271 조각 감상법	

역사 (분류번호: 501)

252 신문	260 부여 장정마을	261 연기 솔올마을	262 태안 개미목마을	263 아산 외암마을
264 보령 원산도	265 당진 합덕마을	266 금산 불이마을	267 논산 병사마을	268 홍성 독배마을